『アイヌ神謡集』を読む

知里幸惠 著訳
北道邦彦 注解

北方新書

016

目次

はじめに──『アイヌ神謡集』の成立事情── 4

アイヌ語の基本 14

凡例 15

序 16

第1話 梟の神の自ら歌った謡
「銀の滴降る降るまわりに」 18

第2話 狐が自ら歌った謡「トワトワト」 66

第3話 狐が自ら歌った謡
「ハイクンテレケ ハイコシテムトリ」 90

第4話 兎が自ら歌った謡「サンパヤ テレケ」 116

第5話 谷地の魔神が自ら歌った謡「ハリツクンナ」 136

第6話 小狼の神が自ら歌った謡「ホテナオ」 154

第7話 梟の神が自ら歌った謡「コンクワ」 166

第8話 海の神が自ら歌った謡
「アトイカトマトマキ、クントテアシ、フム、フム！」 190

第9話 蛙が自ら歌った謡
「トーロロハンロクハンロク！」 230

第10話 小オキキリムイが自ら歌った謡
「クツニサクトンクトン」 238

第11話 小オキキリムイが自ら歌った謡
「此の砂赤い赤い」 246

第12話 獺が自ら歌った謡「カッパレウレウカッパ」 260

第13話 沼貝が自ら歌った謡「トヌペカランラン」 270

『アイヌ神謡集』の物語 278

主な参考文献・掲載図版 280

—3—

はじめに

──『アイヌ神謡集』の成立事情──

　知里幸恵の『アイヌ神謡集』は、1923（大正12）年8月10日に柳田国男の主宰する郷土研究社の爐邊叢書の一冊として出版された。それは彼女が前年の5月から身を寄せていた東京の金田一京助宅で1922（大正11）年9月18日午後8時30分、心臓マヒで急死してからほぼ1年後であった。彼女の自筆原稿が印刷所で汚されるのを惜しみ、自らタイプ原稿に打ち直してくれた渋沢敬三の送稿用原稿が死の5日前に届き、その校正を終らせたところでの突然の逝去だった。

　そもそも金田一京助が知里幸恵に出会ったのは、1918（大正7）年夏、金田一がアイヌコタン歴訪の途中、旭川近文のキリスト教聖公会伝導所に勤める幸恵の伯母で養母の金成マツと祖母モナシノウクとの女3人で暮す家を訪ねたときのことだった。このとき女学校3年生だった幸恵の並々ならぬ才能を感知した金田一は、将来性のある彼女に期待し、彼女から多くのものを引き出そうとして、女学校を卒業した幸恵に、アイヌ語表記のためのローマ字習字を勧め、1920（大正9）年6月、アイヌ語表記のためのノート3冊を幸恵に送った。

　努力してローマ字を習得した幸恵は、翌年4月、1冊目のノートにウウェペケレ（昔話）3編、神謡9編を中心にそのほかウポポ（座り歌）や遊びうたなどさまざまのジャンルのものを書いて東京の金田一へ送った。

　さらに同じ年の9月には、2冊目と3冊目のノートが送られた。2冊のうち1冊には、神謡5編が記されていた。

　以上2冊は現存しているが、3冊目のノートは行方不明で何が書かれていたかも明らかではない。

金田一は送られてきたノート3冊を柳田国男に見せたところ、この中の作品を爐邊叢書に入れることに決まった。1冊は神謡に、もう1冊は民譚集にしようということになり、そこで金田一は幸恵に改めて出版用の原稿の作成を依頼した。

　幸恵は早速神謡の原稿執筆に取りかかり、翌年1922（大正11）年3月1日の日付けの入った序文を執筆している。序文の内容からもこの序文は原稿執筆の最後に書かれたものと判定できる。だからこの原稿はすぐに金田一へ送付されたものと考えることができる。それが証拠にその3月30日に刊行された爐邊叢書の2冊の巻末・出版予告広告に「アイヌ舊話集」と出ており、5月の出版物の近刊広告には「アイヌ舊話集　知里幸恵女」とある。そしてその翌月6月の刊行物の予告には「アイヌ神謡集　知里幸恵女」となっており、ようやく「アイヌ神謡集」という書名が決定したことがわかる。その後8月から12月までの4冊には「価八〇銭　送費四銭」と価格まで加わった広告になっている。

　以上のように3月から12月まで8回の近刊予告が出たにもかかわらず、12月の松本芳夫『熊野民謡集』刊行後出版が途絶え、『アイヌ神謡集』は翌年1923（大正12）年8月10日にやっと出版された。爐邊叢書の広告欄には「爐邊叢書は今後毎月一冊づゝ刊行」とうたってあり、12月の『熊野民謡集』まではほぼ順調な刊行状況だったが、『熊野民謡集』から『アイヌ神謡集』までが大きく空白ができた。しかも1922（大正11）年は幸恵の予告が載った3月から12月まで8冊の刊行が行われたのに、『アイヌ神謡集』が出た年はこれ1冊だけの刊行で、何らかの事情で爐邊叢書の出版は停滞してしまったと思われる。

　一方、幸恵のもう1冊の出版予定については、幸恵はす

でに原稿執筆を行っていたことがわかる資料がある。

　それは1922（大正11）年4月9日付けの旭川の幸恵から登別の両親へ届けられた手紙である。かねて金田一から上京を勧められていた幸恵はそれに応えたいと両親へ相談していたが、幸恵の身体が弱いことへの心配から父親の反対があり、それでも何とか両親の許しを得たいという懇願の手紙で、つぎのようにある。

　──此の間申上げました私の上京について申上げますが、お父上様は御不賛成だといふ事で、私たいへん心細くなりました。何卒後生のお願ひですからお父様御賛成下さる様におねがひ申上げます。上京と申しましても別に大へんな野心があってでハ無いのです。金田一様のお家へ行って、奥様のお手許で裁縫でも台所の方にでもお手伝ひして、傍ら金田一先生のアイヌ語研究のお話相手をするのです。（中略）

　今、アイヌ語民譚集といふものを書いてゐます。此の原稿が書き上ると、爐邊叢書とかいふののうちの一冊として、金田一先生のお世話で出版して貰へるのださうです。その爐邊叢書の主宰者は柳田国男とかいふ人で五月の半頃に欧州へ行かれるとかいふ話で、原稿は本月中に書上げる事になってゐますので、私は今、毎日それを書いてゐます。──

　この手紙の後半は「アイヌ神謡集」の原稿執筆に続いて、「アイヌ語民譚集」の執筆が進められていたことを示すものである。「民譚」とはウウェペケレ（昔話）のことに違いなく、幸恵の弟、知里真志保に『アイヌ民譚集』という著作があり、内容はウウェペケレであることからも証明される。ウウェペケレには3種類があり、「神のウウェペケレ」「人間のウウェペケレ」それに笑い話の「パナンペ・ウウ

ェペケレ」がある。真志保の『アイヌ民譚集』は内容がすべて「パナンペ・ウウェペケレ」であり、真志保が独自に採集したものであることを断っているが、幸恵が選ぶはずのない話も多い。幸恵の1冊目のノートには、格調の高い3種類の昔話がそれぞれ1話ずつ書かれており、これが彼女の「アイヌ語民譚集」の材料になったに違いないと筆者は推定している。しかしこれの出版はならなかった。

　ところで幸恵の東京行きはどうなったかというと、父親の反対を押しきって、上の4月9日の両親あての手紙の翌月、5月11日に室蘭港から母親に見送られて船で青森へ向けて出発した。青森から汽車で上野へ向かい、5月13日の朝、上野駅に着いて金田一に迎えられ、東京生活の第一歩を踏み出した。

　到着4日後の5月17日には、午前8時半から午後1時半まで5時間をかけて、両親あての手紙を書き、4日間の金田一家での見聞と室蘭港から上野までの道中の旅行記録を長い長い手紙にしたためている。

　そして驚くべきことは、この手紙を書いた5月17日から4冊目のノートが書き始められていることであり、ノートの表紙に「十一年五月十七日より書きはじむ」と記してある。内容は二つの神謡と5冊目のノートへ続くyukar ユカ ヮ（英雄叙事詩）が書き綴られているのである。二つの神謡のうちの一つは、最近まで翻訳されずにローマ字のままノートに眠っていたので、筆者が「丹頂鶴の神」と題して、もう一つの「ケソラヮの神」とともに出版した。

　幸恵の東京生活は彼女の日記に記されているが、金田一のアイヌ語研究にも大きな貢献をした。その年はとりわけ暑い夏だったが、しだいに彼女の体に負担がかかったようで、滞在わずか4か月で、冒頭に述べた突然の急死に至った。

前述のように『アイヌ神謡集』の出版が大幅に遅れ、しかもその年はこれ1冊しか刊行されないということが起こったことについては、郷土研究社の中心人物である柳田国男が、幸恵が東京に着いた5月に国際連盟委任統治委員会委員としてスイスのジュネーブへ2回目の渡欧があったことと、渋沢敬三が正金銀行ロンドン支店勤務のため9月に離日していることが大きく関わっていると思われる。二人の中心を失った郷土研究社は、爐邊叢書の編集を自宅で行っていた岡村千秋ひとりに重圧がかかったものと考えられる。

　幸恵の美しい自筆原稿を見て、これが編集や印刷所で汚されるのを惜しみ、汚さずに保存するためにわざわざ印刷所へ送るタイプ原稿を打ってくれた渋沢敬三だったが、自身の結婚のこともあり、なかなか思うように仕事が進まなかったようだ。幸恵の7月17日付けの両親あての手紙につぎのようにある。

　──私の爐邊叢書はまだ出来ません。肝腎の渋沢法学士が御結婚の為に少々延びたのださうです。主宰者柳田国男さんは只今洋行中なのださうです。──

　前述のように渋沢がタイプ原稿を届けに来たのは幸恵の死の5日前の9月13日のことだったが、その3日後の9月16日には、神戸港から欧州へ向かう鹿島丸に乗り込むべく東京を出発しているのである。その2日後の18日には幸恵は亡くなっているのだが、19日に神戸港を出港している渋沢は、おそらく前夜の幸恵の死も知らずに旅立ったのではないかと推察される。

　東京滞在の6、7月のころには日記が書かれたり、沙流の平村コタンピラが金田一宅を訪れ、ユカヮ「シュブネシリカ」を演じた際、金田一が一句の頭だけを急いでメモ

した記録をもとに、じっと耳を傾けて聴いていた幸恵が、あとで1週間ほどをかけて完全に復元記録したというノートなども遺されている。しかし、しだいに加わる夏の暑さが身体にも影響してくるかのように、日記の記事も徐々に量が減って、7月27日が記事としては最後の1行となり、翌28日は日付けだけが書かれて終っている。

　9月4日の両親あての手紙には、8月30日に心臓発作が起こり、医者を呼ぶさわぎになったことを伝え、「今一度幼い子にかへって、御両親様のお膝元へ帰りたうございます」と帰郷を決意し、9月25日に東京を発ちたい旨、伝えている。

　それから10日後の9月14日の両親あての手紙、実はこれが最後の手紙で、これもかなり長い手紙だが、それにはつぎのように書き始められている。

　——愛する御両親様、おいそがしいなかをお手紙を下さいまして誠にありがとう存じました。また沢山のお銭をお送り下さいまして何ともお礼の申上げようも御座いません。ほんとうに御都合の悪い所をおねがひ申上げましてほんとうにありがとうございました。二十五日に帰る予定でしたが、お医者さんがもう少しと仰ったので十月の十日に立つことに致しました。めづらしくよほどやせましたので、すっかり恢復してから帰ります。でも此の頃は大方もとのとほりのふとっちょになりました。まだあとざっと一月もあります。坊ちゃんが大よろこびしてゐます。

　私のカムイカラの本も直きに出来るようです。昨日渋沢子爵のお孫さん（注：渋沢敬三のこと）がわざわざその原稿を持って来て下さいまして、誤りをなほしてもうこんど岡村さんといふ所へまはって、それから印刷所へまはるさうです。（後略）——

そして渋沢敬三のタイプ原稿を、この手紙の日を入れて
も５日間で「誤りをなほして」、それが終ったところで９月
18日息絶えた。体調不良を押しての精根こめた作業だった。
　しかしこの校正は幸恵の自筆原稿に対するタイプ原稿の
校正であって、ほんとうの校正は印刷所で植字されたゲラ
刷りの校正でなければならない。それを少なくとも３回行
うのが常識だ。しかし幸恵はそれをできずに終ってしまっ
た。幸恵のタイプ原稿の校正が完全だったとしても、印刷
所の植字の誤植は避けられない。それは是非やらなければ
ならないことであり、幸恵に代ってだれかがやらなければ
ならないことである。ところができあがった初版本はたい
へん誤植の多いものになってしまっていて、目次を除いて
51個所の誤植がある。校正は行われなかったのではないか
と思われる。
　幸恵が金田一へ最初に送った前述のノートの第２話に出
てくる ituituye について、幸恵はノートの傍注に「ainu の
ituituye を日本語で何と云ふのか私はいくら考えても思ひ
付けませんのでそのままにしておきました」とある。それ
に対して金田一は「御尤デス．籤(ひ)ると申シマス」と書
き込んでいる。それで『アイヌ神謡集』では「籤てゐる粟」
「籤てゐた粟」と訳文を書くことができたが、幸恵は籤る
ことの道具である「箕」までを「籤」と誤ってしまった。
これはその後、岩波文庫に至るまですべての版本で未だに
訂正されていない。また1926(大正15)年に爐邊叢書として
『アイヌ神謡集』の再版本が刊行されたが、初版本の51個
所もの誤植のうちわずか５個所だけが訂正されただけで、
あとは誤りのままである。
　戦後、1970年に弘南堂補訂版が訂正を企図して出された
が、初版・再版本の誤りを正したものは17個所にとどまり、

新たな翻刻だったので逆に初版・再版本が正しいのに新たに誤ったものが10個所、再版本が初版本をせっかく訂正したのにまた初版の誤りをくりかえしたところが３個所と功罪相半ばしている。

　弘南堂は４年後に再補訂版を出したが、しかし前の補訂版の誤りを正したところは13個所にとどまり、補訂版の誤りを正せなかったところが26個所にのぼる。

　岩波文庫版第１刷の誤植は、初版本から弘南堂再補訂版までの誤りを正したところは４個所、弘南堂本の誤りを新たに正したところは７個所で、結局誤りを残してしまったところは30個所にのぼる。その後、第18刷で３個所の訂正が行われているが、今も依然27個所の誤植が続いている。(具体的な単語の正誤については、2002年の「知里真志保を語る会」刊行の復刻版の巻末に筆者が一覧表を掲げてある。)

　以上の誤植問題は、幸恵の死後、ゲラ刷りの校正がきちんと行われなかったことが原因である。

　また渋沢敬三のタイプ原稿は幸恵の自筆原稿を保存するためのものだったが、その自筆原稿は残されておらず、渋沢の善意は報われなかった。渋沢のタイプ原稿も残っていない。

　付け加えておくが、『アイヌ神謡集』はタイトルだけを見れば、残された最初の２冊のノートから13編の神謡が採られている。しかしそれはタイトルだけであって内容はまったく違う本文であり、原稿ではない。

　『アイヌ神謡集』に採られた神謡は13編であるが、最初の５編は２冊目のノートの５編と同じ題名である。あとの８編は１冊目のノートから採られている。１冊目のノートの神謡は第７・８話などの重い主題をもったものから書き始められていたことに注意したい。

—11—

神謡本文の配列について 神謡は、旋律とリズムを伴った謡物の韻文であり、1句が5音節ないし4音節を主にした句を重ねて謡い語られていく。

幸惠が神謡を初めて書いたのは、1920（大正9）年の冬に、旭川の幸惠の出身小学校・豊栄尋常小学校の校長でアイヌ研究家でもあった佐々木長左衛門の依頼を受け、神謡1編と遊びうた2編を送ったときだった。習い覚えたばかりのローマ字によってアイヌ語を書き、それに日本語訳をつけたものだった。現在、旭川市博物館に所蔵されている。

その神謡は本書の第11話と同じ題名の「此の砂は赤い赤い」の神謡であるが、最初の1行に（Tan ota hure hure）とあり、これにつぎのような注がつけられている。

「タノタ　フレ　フレ、これはsakehe（サケヘ）と申しまして、カムイユカラの場合は節面白く歌の様に語るのですが、一句一句の間へ此のサケヘがはさまるのです。一々同じ事を書くのは、面倒ですから、はじめの方にだけ書いて置きます。」

そして神謡本文は、

shinean to ta,	Tan ota hure hure	或る日に
shinotash kushu, T……		遊ぶ為に
shirokani pon ku, ……		銀の小弓と
shirokani pon ai, ……		銀の小矢
chiukoani, ……		とを持って

（以下省略）

と書かれており、サケヘは最初の1行だけは全部書き、2行目はT……と省略形を書き、3行目から9行目までは……で省略を示し、10行目からあとはその点線も略している。

以上のように叙事詩は一句一句、行を変えて書いていくのが通例で、幸惠もそれを実行している。

ところが、金田一へ送ったノートには別の書き方をして

いる。それはノートの1ページの3分の2のところに縦線を引き、左側にローマ字のアイヌ語、右側に日本語訳文を書いているのだが、1行に2句を書く行が非常に多くなっている。これはノートの空白を少なくして、神謡本文をできるだけ多く金田一へ伝えたいという思いがそうさせたのだと思う。

　1冊目のノートを受け取った金田一が返事を書いた。

　──御手紙は昨日、筆記は今日、拝受致しました。あまりに立派な出来で私は涙がこぼれる程喜んで居ります。もっともっと帳面をぜいたくに使って下さい。余りこまかに根をつめて書いてゐてはからだに障るといけません。片面へアイヌ語の原文、片面へ訳語、といふ位にして、それも真中へだけ書いて、端は註でも書く所にして置いたらいいでせう。──

と書いているくらいである。しかし2冊目の神謡だけのノートでは1ページ15センチ幅のノートの端4センチだけは注を書く欄にしてあるものの、見開き左側1ページに3句ずつ書き、右ページに訳文を書くというように、いっそう詰めた形になっている。

　この形式は『アイヌ神謡集』でも踏襲されている。これは爐邊叢書の巻末近刊予告欄に「爐邊叢書は今後毎月一冊づゝ刊行菊判半裁形にして紙数二百頁内外定価各冊不同なれど壱円を越えず切に同好の各位の御援助を乞ふ」とあることも関係があると思われる。

　『アイヌ神謡集』では、見開き左ページに単語間は1字分、句と句の間は2字分の間をとって、1行3句でできている。この配列に気づく読者は少なく、アイヌ語文も訳文も一続きの散文として読んでしまう傾向がある。これでは正しい神謡の韻律を感知できない誤った読み方になってしまう。

—13—

アイヌ語の基本

1　**アイヌ語には閉音節がある**　日本語の音節は a,ka,sa,ta のように必ず母音で終る開音節言語である。アイヌ語は英語のように開音節もあるが、音節末が子音で終る閉音節もある。

[例] 開音節：si（本当の）, cise（家）, poro（大きい）
　　　　閉音節：cip（舟）, pet（川）, itak（話）, sak（夏）

2　閉音節の音節末　p, t, k　の発音
・英語の場合は破裂させる（外破音）。

[例]：chip（こっぱ）, pet（愛玩動物）, sack（袋）
・アイヌ語は破裂させない（内破音）。

[例]：cip（舟）；p は唇を閉じるだけ。
　　　pet（川）；t は舌先を上歯ぐきにつけた形で、破裂させずに止める。
　　　sak（夏）；k は舌のうしろの方を上あごにつけた形で、破裂させずに止める。

従って p, t, k の音は、はっきりした音では聞えない。

3　**アクセントのきまり**　英語のアクセントは強弱アクセントだが、アイヌ語は日本語と同じ高低アクセント。

（1）第1音節が開音節の場合、第2音節が高くなる。
　　　[例] cisé（家）, iták（話）, menóko（女）, mosír（島、国）

（2）第1音節が閉音節の場合、第1音節が高い。
　　　[例] pírka（美しい）, níspa（紳士）, áynu（人間）

（3）例外・húre（赤い）, réra（風）, húci（おばあさん）など。
　　　・人称接辞　eci= や不定人称接辞 a= の場合、語幹のアクセントを変えない性質のため例外になるものや、複合語の前側の要素が優先して例外になるものもある。

凡例

1　神謡本文と日本語訳は左ページに、注釈は右ページ
にと見開きになっている。

2　本文のローマ字と日本語訳は『アイヌ神謡集』初版
本を底本とし、誤植を訂正してある。

3　初版本の行分けは１行が３句で書かれているが、１
行１句を原則に書き改めた。

4　原文のローマ字表記はヘボン式で書かれているが、
現在通用の表記法に直してある。また人称接辞をあら
わす記号(=)も付けてある。

　　　　sh　→　s　[例] shirokani　→　sirokani

　　　　　　　　　　　sapash　　　→　sap=as

　　　　ch　→　c　[例] chiki　　　→　ci=ki

5　単語の分かち書きは、なるべく原文を尊重している
が、ほぼ現代の一般的な正書法に従っている。

6　サケヘは、本文１行目の前に示してある。

7　アクセント記号は第１話に限り、慣れていただくた
めに14ページの「アクセントのきまり」（２）（３）のと
おり付してある。第２話以降は例外アクセントに限っ
て付してある。

8　左ページの脚注は知里幸恵自身が付したものである。

9　右ページの注釈は、単語を枠括弧 [　] で括り、構
成要素の意味を丸括弧（　）で示している。

　[例]　[pet（川）esoro（〜に沿って）]

　　　　[sap（川下へ行く）=as（私が）]

10　音素交替(p53参照)で変化する音は上付き小文字で
示してある。　[例] wenkur^{n}ne

序

　其の昔此の広い北海道は、私たちの先祖の自由の天地で
ありました。天真爛漫な稚児の様に、美しい大自然に抱擁
されてのんびりと楽しく生活していた彼等は、真に自然の
寵児、何と云う幸福な人だちであったでしょう。

　冬の陸には林野をおおう深雪を蹴って、天地を凍らす寒
気を物ともせず山又山をふみ越えて熊を狩り、夏の海には
涼風泳ぐみどりの波、白い鴎の歌を友に木の葉の様な小舟
を浮べてひねもす魚を漁り、花咲く春は軟かな陽の光を浴
びて、永久に囀ずる小鳥と共に歌い暮して蕗とり蓬摘み、
紅葉の秋は野分に穂揃うすすきをわけて、宵まで鮭とる篝
も消え、谷間に友呼ぶ鹿の音を外に、円かな月に夢を結ぶ。
嗚呼何という楽しい生活でしょう。平和の境、それも今は
昔、夢は破れて幾十年、此の地は急速な変転をなし、山野
は村に、村は町にと次第々々に開けてゆく。

　太古ながらの自然の姿も何時の間にか影薄れて野辺に山
辺に嬉々として暮していた多くの民の行方も又何処。僅か
に残る私たち同族は、進みゆく世のさまにただ驚きの眼を
みはるばかり。而も其の眼からは一挙一動宗教的感念に支
配されていた昔の人の美しい魂の輝きは失われて、不安に
充ち不平に燃え、鈍りくらんで行手も見わかず、よその御
慈悲にすがらねばならぬ、あさましい姿、おゝ亡びゆくも
の……それは今の私たちの名、何という悲しい名前を私た
ちは持っているのでしょう。

　其の昔、幸福な私たちの先祖は、自分の此の郷土が末に
こうした惨めなありさまに変ろうなどとは、露ほども想像
し得なかったのでありましょう。

　時は絶えず流れる、世は限りなく進展してゆく。激しい

競争場裡に敗残の醜をさらしている今の私たちの中からも、いつかは、二人三人でも強いものが出て来たら、進みゆく世と歩をならべる日も、やがては来ましょう。それはほんとうに私たちの切なる望み、明暮祈っている事で御座います。

けれど……愛する私たちの先祖が起伏す日頃互に意を通ずる為に用いた多くの言語、言い古し、残し伝えた多くの美しい言葉、それらのものもみんな果敢なく、亡びゆく弱きものと共に消失せてしまうのでしょうか。おゝそれはあまりにいたましい名残惜しい事で御座います。

アイヌに生れアイヌ語の中に生いたった私は、雨の宵雪の夜、暇ある毎に打集うて私たちの先祖が語り興じたいろいろな物語の中極く小さな話の一つ二つを拙ない筆に書連ねました。

私たちを知って下さる多くの方に読んでいただく事が出来ますならば、私は、私たちの同族祖先と共にほんとうに無限の喜び、無上の幸福に存じます。

　　　大正十一年三月一日

　　　　　　　　　　知 里 幸 惠

[編者注]　原文の歴史的かなづかいを現代かなづかいに改め、漢字も新字体に改めた。

[語釈]

篝（かがり）　篝はかがり火を盛る鉄の籠のこと。ここは「篝火」の省略形。

敗残（はいざん）　戦いに負けて生き残ること。

醜（しゅう）をさらす　恥をさらす。

第1話　梟の神の自ら歌った謡「銀の滴降る降るまわりに」

1　　Kamuycikap kamuy yayeyukar,

"Sirokanipe ranran piskan"

1	"sirokani pe	「銀の滴
2	ránran pískan,	降る降る まわりに
3	kónkani pe	金の滴
4	ránran pískan"	降る降る まわりに」
5	ari an rékpo	と云う歌を
6	ci=ki kane	私は歌いながら
7	pétesoro	流れに沿って
8	sáp=as áyne,	下り、
9	áynu kotan	人間の村
10	énkasike	の上を
11	ci=kus kor	通りながら
12	sicorpok un	下を
13	ínkar=as ko	眺めると
14	te' eta wénkur	昔の貧乏人が
15	tane níspa ne,	今お金持になっていて、
16	te' eta níspa	昔のお金持ちが
17	tane wénkur^n ne	今の貧乏人になって
18	kotom síran.	いる様です。
19	atuy téksam ta	海辺に
20	áynu hekattar	人間の子どもたちが
21	áksinot pon ku[1]	おもちゃの小弓に
22	áksinot pon ay	おもちゃの小矢を
23	euwesinot	もってあそんで
24	kor okay.	居ります。

---

[1]昔は男の子が少し大きくなると、小さい弓矢を作って与えます。子どもはそれで樹木や鳥などを的に射て遊び、知らずしらずの中に弓矢の術に上達します。（**脚注は知里幸恵自身の注。以下同じ**）

第1話　梟の神の自ら歌った謡
「銀の滴降る降るまわりに」

[題名]　[kamuy(神) cikap(鳥)]＝梟。シマフクロウのこと。
　　　　[yay(自分) e(について) yúkar(歌う)]

1　sirokani 銀＜日本語「白金」。pe 滴。

2　ran 降る。pískan 〜のまわり。

3　kónkani 金＜日本語「黄金」。

5　ari 〜と。an ある。rekpo 歌。

6　[ci=(私が) ki(〜をする)]　kane 〜しながら。

7　[pet(川) esoro(〜に沿って)]

8　[sap(川下へ行く)=as(私が)]　áyne 〜して。

9　áynu 人間。kotan 村。

11　[ci=(私が) kus(〜を通る)]　kor 〜しながら。

12　[si(自分) córpok(の下)]　un 〜へ。

13　[ínkar(目をやる)=as(私が)]　ko 〜と。

14　te'eta 昔。「テ・エタ」と読む。wénkur 貧乏人。

15　tane 今。níspa 裕福な人。ne である。になる。

18　kotom 〜のように。síran (そう)なっている。

19　atuy 海。téksam の側。ta 〜に。

21-2　[ak(討つ) sinot(遊ぶ)]　pon 小さい。ku 弓。ay 矢。

23　[e(〜で)u(互い)w(挿入音)e(と一緒に)sinot(遊ぶ)]

24　kor しながら。okay いる。

神謡の第一人称(私が)の人称接辞について

　他動詞には、語幹に接頭辞 ci= がつく。

　[例] ci=ki(私が〜をする)、ci=kus(私が〜を通る)

　自動詞には、語幹に接尾辞 =as がつく。

　[例] sáp=as(私が川下へ行く)「サパシ」と読む。

第1話　梟の神の自ら歌った謡「銀の滴降る降るまわりに」

25	"sirokani pe	「銀の滴
26	ránran pískan,	降る降る まわりに、
27	kónkani pe	金の滴
28	ránran pískan"	降る降る まわりに」
29	ari an rékpo	という歌を
30	ci=ki kane	歌いながら
31	hekaci utar	子供等の
32	énkasike	上を
33	ci=kus awa,	通りますと、
34	ún=corpoke	(子供等は)私の下を
35	ehoyuppa	走りながら
36	ene hawokay:──	云うことには、
37	"pírka cikappo！	「美い鳥！
38	kamuy cikappo！	神様の鳥！
39	kéke hetak,	さあ、
40	ák=as wa	矢を射て
41	toan cikappo	あの鳥
42	kamuy cikappo	神様の鳥を
43	tukan wa an kur,	射当てたものは、
44	hóski uk kur	一ばんさきに取った者は
45	sónno rametok	ほんとうの勇者
46	síno cipapa	ほんとうの強者
47	ne ruwe tápan"	だぞ」
48	hawokay kane,	云いながら、
49	te' eta wénkur	昔貧乏人で
50	tane níspa ne p	今お金持ちになっている者
51	póutari,	の子供等は、
52	kónkani pon ku	金の小弓に
53	kónkani pon ay	金の小矢を
54	uweunupa	番えて
55	ún=tukan ko,	私を射ますと、

─20─

31 hekaci 少年。utar 〜たち。

33 [ci=(私が) kus(〜を通る)] awa 〜したことろが。

34 [un=(私の) córpoke(〜の下)]

35 [e(そこを) hoyuppa(走る)]

36 ene このように。hawokay 言う。

37 pírka 美しい。幸恵ノートに「美い鳥」とルビがある。

39 kéke さあ。そら。hetak さあ。そら。

40 [ak(射る)=as(私たち)] wa 〜して。

41 toan あの。cikappo 鳥。

43 tukan 〜を射る。wa an 〜している。kur 者。

44 hóski 先に。uk 〜を取る。

45 sónno 本当に。rametok 勇猛な人。

46 síno 本当に。cipapa 強者。

47 ne 〜になる。ruwe 〜(する)こと。名詞化辞。
 tápan 名詞化辞の後におかれて ne(である)の代わり
 の機能を果たす。ne よりも折り目正しい表現。

50 p もの。者。pe(もの)と同じ。母音のあとで p を使い、
 子音のあとで pe を使う。

51 [po(子ども) utari(〜たち)]

54 [u(互いに) w(挿入音) e(それを) unu(〜に〜をつける)
 pa(複数をあらわす接尾辞)]

55 [un=(私を) tukan(を射る)] ko 〜と。

名詞の所属形 普通名詞のうちの一部は「概念形」と「所属形」に語形変化する。概念形は単にそのものを指し、所属形はそれが特定のだれか、または何かに密接に所属していることを表す。所属形には短形と長形がある。31行目の utar は概念形、51の utari(の仲間)は所属形の短形。

—21—

第1話　梟の神の自ら歌った謡「銀の滴降る降るまわりに」

56　kónkani pon ay	金の小矢を
57　sicorpok ci=kuste	私は下を通したり
58　sienka ci=kuste,	上を通したりしました。
59　rápoki ta	其の中に、
60　hekaci utar,	子供等の
61　tumukehe ta	中に
62　sine hekaci	一人の子供が
63　yayan pon ku	ただの（木製の）小弓に
64　yayan pon ay	ただの小矢を
65　ukoani	持って
66　iyeutanne,	仲間にはいっています。
67　ci=nukar ᵗ ciki	私はそれを見ると
68　wénkur póho	貧乏人の子
69　ne kotomno	らしく
70　imi ka wano	着物でも
71　a=koeraman.	それがわかります。
72　ki p ne kórka	けれども
73　sik túmorke⁽²⁾	その眼色を
74　ci=uwante ko,	よく見ると、
75　níspa sani	えらい人の子孫
76　ne kotomno	らしく、
77　sínnay cikap ne	一人変り者になって
78　iyeutanne.	仲間入りをしています。
79　anihi nákka	自分も
80　yayan pon ku	ただの小弓に
81　yayan pon ay	ただの小矢を
82　uweunu wa	番えて
83　ún=ramante ko,	私をねらいますと、

⁽²⁾siktumorke…眼つき。人の素性を知ろうと思う時は、その眼を見ると一ばんよくわかると申しまして、少しキョロキョロしたりすると叱られます。

—22—

57　[si(自分)córpok(の下)] [ci=(私が)kus(を通る)te(させる)]
　　神である梟は自分が「矢を通過させる」と表現する。

58　[si(自分)énka(の上)]

59　rápoki ～している間。ta ～に。

62　sine ひとつの。

63　yayan ただの。ふつうの。

65　[uko(ともに)ani(～を手に持つ)]

66　[i(人々に)y(挿入音)e(～で)utar(仲間)ne(になる)]
　　挿入音とは、母音から母音へ(i から e)移るときに自
　　然に発生する「わたり」の音。

67　[ci=(私が)nukar(を見る)]　ciki ～したところ。
　　nukar の語尾の r は次に c 音がくるので t 音に変る。
　　「チヌカッチキ」という音になる。

68　wénkur 貧乏人。póho ～の息子。所属形。

69　ne である。[kotom(のように)no(副詞化辞)]

70　imi 服装。ka の上。wano から。

71　[a=(人が)ko(～について)eraman(わかる)]

72　ki をする。p もの。ne である。kórka けれども。
　　1句を4音節にするための常套句。

73　sik 目。[tum(中)órke(のところ)]

74　[ci=(私が)uwante(を調べる)]　ko ～と。

75　níspa 裕福で立派な男性。sani 子孫。

77　sínnay 異なる。cikap 鳥。ne になる。
　　いわば「はぐれ鳥」、「仲間はずれ」になること。

79　anihi 3人称代名詞 ani(彼、彼女、それ)の所属形。
　　nakka ～も。< ne yakka

83　[un=(私を)ramante(獲りたいと思う)]　ko ～と。

第1話　梟の神の自ら歌った謡「銀の滴降る降るまわりに」

84	te' eta wénkur	昔貧乏人で
85	tane níspa ne p	今金持の
86	póutari	子供等は
87	euminare	大笑いをして
88	ene hawokay :──	云うには、
89	"acikara ta[3]	「あらおかしや
90	wénkur hekaci	貧乏人の子
91	toan cikappo	あの鳥
92	kamuy cikappo	神様の鳥は
93	aokay utar	私たち
94	a=kor kónkani ay ka	の金の小矢でも
95	somo uk[4] ko,	お取りにならないものを、
96	e=nepkoran	お前のような
97	wénkur hekaci	貧乏な子
98	kor yayan ay	のただの矢を
99	munin cikuni ay	腐れ木の矢を
100	toan cikappo	あの鳥
101	kamuy cikappo	神様の鳥が
102	síno síno	よくよく
103	uk nánkor wa."	取るだろうよ。」
104	hawokay kane	と云って、
105	wénkur hekaci	貧しい子を
106	ukooterke	足蹴にしたり
107	ukokikkik.	たたいたりします。
108	ki p ne kórka	けれども
109	wénkur hekaci	貧乏な子は
110	sénne pónno	ちっとも

---

[3] acikara…（汚い）という意味。
[4] 鳥やけものが人に射落されるのは、人の作った矢が欲しいので、その矢を取るのだと言います。

—24—

87 [e(について)u(互いに)mína(笑う)re(させる)]

88 ene このように。hawokay 言う。

89 acikara 汚い(脚注参照)。ta 感嘆の気持ちを表す。

93 aokay 私たち。utar 仲間。〜たち。

94 [a=(私たちが)kor(持つ)] 私たちの。ka でも。

95 somo 〜しない。uk 〜を取る。「お取りにならない」は、
フクロウの神が「お取りにならない」の意。

96 [e=(お前)nepkor(のように)an(ある)]

99 munin 腐る。cikuni 木。ay 矢。

102 síno ほんとうに。

103 uk を取る。nankor だろう。wa 〜よ。

106 [uko(いっしょに)oterke(〜を踏みつける)]

107 [uko(いっしょに)kikkik(〜を打つ)]

110〜111　sénne 打消辞。〜しない。pónno 少しも。
ekottanu 注意する。この2句、常套句。

神謡の音数律① 音節数

　kamuyyukar(神謡)の一句の音節数は、5音節または4音節になるように謡い手によって編み出される。聴衆の面前で、即興で作詞される。

　開音節でも閉音節でも1音節には必ず母音が1つ含まれる。だから音節数は、母音数と一致する。

　第1話冒頭の部分の音節数を調べてみよう。

	音節数		音節数
"sirokani pe	5	ci=ki kane	4
ránran pískan	4	pétesoro	4
kónkani pe	4	sáp=as áyne	4
ránran pískan"	4	áynu kotan	4
ari an rékpo	5	énkasike	4

—25—

第1話　梟の神の自ら歌った謡「銀の滴降る降るまわりに」

111	ekottanu	構わず
112	ún=eyoko	私をねらっています。
113	sírki ciki	私はそのさまを見ると、
114	ihoma kéwtum	大層不憫に
115	ci=yaykore.	思いました。
116	"sirokani pe	「銀の滴
117	ránran pískan,	降る降るまわりに、
118	kónkani pe	金の滴
119	ránran pískan"	降る降るまわりに」
120	ari an rékpo	という歌を
121	ci=ki kane	歌いながら
122	móyretara	ゆっくりと
123	kamuy nis kasi	大空に
124	ci=kosikarinpa,	私は輪をえがいていました
125	wénkur hekaci	貧乏な子は
126	oat cikiri	片足を
127	otuymaasi	遠く立て
128	oat cikiri	片足を
129	ohankeasi,	近く立てて、
130	pókna pápusi	下唇を
131	sikoruki	グッと噛みしめて、
132	yoko wa an áyne	ねらっていて
133	ún=kotusura,	ひょうと射放しました。
134	tápan pon ay	小さい矢は
135	ek sir kónna	美しく
136	tónnatara,	私の方へ来ました。
137	sírki ciki	それで
138	ci=santekehe	私は手を
139	ci=turpa wa	差しのべて
140	néan pon ay	その小さい矢を
141	ci=esikari	取りました。

112 [ún=(私を)eyoko(〜をねらっている)]

113 sírki 〜の様子が見える。ciki 〜したところ。

114 ihoma あわれむ。kéwtum 心。

115 [ci=(私が)yay(自分に)kor(を持つ)e(せる)]

122 [móyre(遅い。のろい)tara(状態が続いていることを
あらわす接尾辞)]

123 kamuy 神。nis 空。雲。kasi 〜の上。

124 [ci=(私が)ko(そこで)si(自分を)karinpa(クルクルま
わす)]

126 oar(語末の r が次に c 音がくるため t 音に変化)
cikiri 〜の足。所属形。「オアッチキリ」と読む。

127 [o(その先)túyma(遠く)asi(を立てる)]

129 [o(その先)hánke(近く)asi(を立てる)]

130 pókna 下側の。pápusi 唇。

131 [si(自分)ko(に向かって)ruki(〜を飲み込む)]

132 yoko をねらう。wa an している。áyne 〜あげく。

133 [un=(私に)ko(に対して)tusura(放つ)]

135 ek 来る。sir ようす。kónna 〜は。名詞句の後に置か
れて、どんなであるかを叙述する表現。
多くの場合、あとに擬音語・擬態語を導く。

136 [ton(擬態語「ピカーッ」)natara(状態が続いているこ
とをあらわす接尾辞)]

135〜136 「(矢の)飛んでくる様子はピカーッ」(直訳)

138 [ci=(私が)san(前へ出る)tekehe(〜の手)]

139 [ci=(私が)túrpa(を伸ばす)] wa 〜して。

140 néan その。

141 [ci=(私が)esikari(をつかまえる)]

—27—

第1話　梟の神の自ら歌った謡「銀の滴降る降るまわりに」

142 sikacikaci=as	クルクルまわりながら私は
143 ráp=as humi	風を
144 ci=ekisarsut	きって
145 máwkururu.	舞下りました。
146 ikici=as awa,	すると
147 nérok hekattar	彼の子供たちは
148 uhoyuppare	走って
149 wen ota upun	砂吹雪を
150 siokotpa kor	たてながら
151 ún=uwetusmak.	競争しました。
152 tóytoy ka ta	土の上に
153 hácir=as	私が落ちる
154 koiramno	と一しょに、
155 hóskinopo	一等先に
156 wénkur hekaci	貧乏な子が
157 ún=kosirepa	かけついて
158 ún=esikari.	私を取りました。
159 sírki ciki,	すると、
160 te' eta wénkur	昔貧乏人で
161 tane níspa ne p	今が金持になってる者の
162 póutari	子供たちは
163 iyosino	後から
164 hoyuppa wa árki,	走って来て
165 tu wan wen itak	二十も
166 re wan wen itak	三十も悪口を
167 súypa kane	ついて
168 wénkur hekaci	貧乏な子を
169 ukooputuypa	押したり
170 ukokikkik.	たたいたり
171 "sirun hekaci	「にくらしい子、
172 wénkur hekaci	貧乏人の子

—28—

142 [si(自分)kaci(をまわす)kaci(まわす)=as(私が)]

143 [rap(下りる)=as(私が)]　humi 〜の音。

144 [ci=(私)e(その音で)kisar(耳)sut(もと)]

145 [maw(風)kururu(ヒュルルと鳴る)]

146 [iki(する)ci(複数語尾)=as(私が)]　awa 〜と。

147 nérok(néa の複数形) 前に話したあの。例の。

148 [u(互いに)hoyuppa(走る)re(させる)] いっしょに走る。
　　u 〜 re の構文は、「いっしょに〜する」の意。

149 wen 荒々しい。ota 砂。upun 吹雪。

150 [si(自分)o(に)kotpa(に〜を結びつける)] 自分に砂吹
　　雪を結びつける = 砂吹雪をたてる。

151 [un=(私と)u(互いに)w(挿入音)e(といっしょに)tusmak
　　(〜と競争する)]

152 toy 土。ka の上。ta に。

153 [hácir(落ちる)=as(私が)]

154 [ko(〜と)iram(同時である)no(副詞化辞)]

155 [hóskino(先に)po(指小辞)] まっさきに。

157 [un=(私に)kosirepa(に到着する)]

158 [un=(私を)esikari(をつかまえる)]

163 [i(私たち)y(挿入音)ósi(の後ろ)no(副詞化辞)]

164 hoyuppa 走る。wa 〜して。árki 来る。

165 [tu(二つの)wan(十)] wen 悪い。itak 言葉。

166 [re(三つの)wan(十)]　上句とともに「多くの」の意。

167 súypa 〜をふりまわす。kane 〜しながら。

169 [uko(いっしょに)oputuypa(複。〜を押す)]

170 [uko(いっしょに)kikkik(〜を打つ)]

171 sirun とてもひどい(ののしりの言葉)。

第1話　梟の神の自ら歌った謡「銀の滴降る降るまわりに」

173	hóski tasi	私たちが先に
174	a=ki kus ne p	しようとする事を
175	e=i=etusmak."	先がけしやがって。」
176	hawokay ko,	と云うと、
177	wénkur hekaci	貧乏な子は、
178	ún=kasike	私の上に
179	kamu kamu	おおいかぶさって、
180	ún=honkokisma.	自分の腹にしっかりと私を押さえていました。
181	húsko toy wano	もがいてもがいて
182	iki áyne	やっとの事
183	áynu utur wa	人の隙から
184	sóykosanu	飛出しますと、
185	orowano	それから
186	hoyupu humi	どんどん かけ出し
187	táknatara.	ました。
188	te' eta wénkur	昔貧乏人で
189	tane níspa ne p	今は金持の
190	póutari	子供等が
191	suma ari	石や
192	níhum ari	木片を
193	yápkir kórka	投げつけるけれど
194	wénkur hekaci	貧乏な子は
195	sénne pónno	ちっとも
196	ekottanu	構わず
197	wen ota upun	砂吹雪を
198	siokote	たてながら
199	hoyupu áyne	かけて来て
200	sine pon cise	一軒の小屋の
201	cise sóykehe	表へ
202	a=kosírepa.	着きました。

173 hóski 先に。tasi 直前の語を強調する助詞。

174 [a=(私たちが)ki(する)] kus ～つもり。ne である。
p こと。

175 [e=(お前)i=(私たち)etusmak(の先回りをする)]

178 [un=(私の)kasike(の上)]

172 kamu かぶさる。

180 [un=(私を)hon(腹)ko(で)kísma(を押さえる)]

181 húsko 長い間たつ。toy 強調。wano ～から。

182 iki あることをする。áyne さんざん～してやっと。

183 áynu 人。utur の間。wa から。

184 [soy(外に出る)kosanu(急に～する)]

186 hoyupu 走る。humi その音。

187 [tak(擬音タッタッタ)natara(継続を表す)]

191-2 suma 石。ari ～で。níhum 木片。

193 yápkir 投げる。kórka けれども。

198 [si(自分)o(に)kote(に～を結びつける)] 150参照。

200 sine ひとつの。pon 小さい。cise 家。

201 cise 家。sóykehe ～の外。

202 [a=(私たちが)ko(～に)sirepa(着く)]「私たち」は、
フクロウの神と貧乏人の子。ko がさすのは家の外。

第1話のサケへ 第1話のサケへは特殊で、
"sirokani pe / ránran pískan / kónkani pe / ránran pískan" が、
フクロウの神が空中を飛びまわるときの歌として、全体で
計5回使用される。はじめ3回は、貧乏な子の矢に射落と
されるまでの海辺の空での飛行で、あとの2回は貧乏な子
の家で、死体から抜け出した魂が家を立派に作りかえるた
めに飛びまわるときの歌として謡われる。

—31—

第1話　梟の神の自ら歌った謡「銀の滴降る降るまわりに」

203	pon hekaci	子供は
204	rórun puray kari	窓から
205	ún=ahunke	私を入れて、
206	kúrkasike	それに
207	itak omare,	言葉を添え、
208	tápne tápne	斯々の
209	ne katuhu	ありさまを
210	eisoitak.	物語りました。
211	cise úpsor wa	家の中から
212	ónne umurek	老夫婦が
213	tékkakipo	手を
214	ríkunruke	かざし
215	ráunruke	ながら
216	árki wa	やって来て
217	ínkar=as ko,	見ると、
218	síno wénkur	大へんな貧乏人
219	iki kórkayki	ではあるけれども
220	níspa ipor	紳士らしい
221	kátkemat ipor	淑女らしい品を
222	ukoturpa,	そなえています。
223	ún=nukar awa,	私を見ると、
224	íkkew nóski	腰の央を
225	kómkosanpa,	ギックリ屈めて、ビックリしました。
226	poro sikupkur	老人は
227	yáykokutkor	キチンと帯を
228	yupu kane	しめ直して、
229	ún=koonkami.	私を拝し
230	"kamuycikap kamuy	「ふくろうの神様、
231	páse kamuy	大神様、
232	wén=as siri	貧しい

—32—

204 [ror(上座)un(にある)puray(窓)]　kari から。

205 [un=(私を)ahunke(を入れる)]

207 itak 言葉。omare 〜を〜に入れる。

208 [tap(これ)ne(〜のように)]

209 ne その。katuhu 〜のありさま。

210 [e(〜について)isoitak(物語る)]

211 cise 家。úpsor 〜の中。wa 〜から。

212 ónne 年寄りの。umurek 夫婦。

213 [tek(手)kaki(垣)po(指小辞)] 目の上にかざした手。

214 [rik(高い所)úyru(に位置する)ke(他動詞化)] の音転。

215 ra 低い所。
　　　213〜215 片手を目の上にかざしかざしする動作。

219 iki 物事をする。[kórka(けれども)iki(添えの助詞)]
　　　この行、「kórka(けれども)」(２音節)だけでもいいが、
　　　５音節にするための音節数調整の技法。

220 ipor 顔つき。

221 katkemat りっぱな女性。

222 [uko(ともに)túrpa(を伸ばす)] 備えている意。

224 íkkew 腰。nóski 〜の真ん中。

225 [kom(曲げる)kosanpa(急に〜する)]

226 poro 大きな。[sikup(生きる)kur(人)]

227 [yay(自分)ko(に)kut(帯)kor(虚辞)]

228 yupu 〜をきつく締める。kane 〜して。

229 [un=(私に)ko(に対して)onkami(拝む)]

230 [kamuy(神の)cikap(鳥)] フクロウ。kamuy 神。

231 páse 重い。kamuy 神。

232 [wen(悪い / 貧しい)=as(私たちが)]　siri その様子。

第1話　梟の神の自ら歌った謡「銀の滴降る降るまわりに」

233	ci=wen cisehe	私たちの粗末な家へ
234	kosirepa siri	お出で下さいました事、
235	iyayraykere.	有難う御座います。
236	te' eta anak	昔は、
237	níspa otta	お金持に
238	yáyukopiski p	自分を数え入れるほどの者で
239	ci=ne a kórka	御座いましたが
240	tane anakne	今はもう
241	tan koraci	此の様に
242	sirun wénkur ^{n} ne	つまらない貧乏人に
243	okay=as wa,	なりまして、
244	kotankor kamuy[5]	国の神様
245	páse kamuy	大神様
246	ci=rewsire ka	お泊め申すも
247	a=eóripak	畏れ多い
248	ki wa ne yákka	事ながら
249	tánto anak	今日は
250	tane sírkunne kusu	もう日も暮れましたから、
251	tanukuran	今宵は
252	páse kamuy	大神様を
253	a=rewsire wa	お泊め申し上げ、
254	nisatta anak	明日は、
255	ouse inaw ari póka	ただイナウだけでも
256	páse kamuy	大神様を

---

[5] kotankor kamuy…国または村を持つ神。山には、nupuri kor kamuy…山を持つ神（熊）と nupuripa kor kamuy…山の東を持つ神（狼）などがあって、ふくろうは熊、狼の次におかれます。kotankor kamuy は山の神、山の東の神、の様に荒々しいあわて者ではありません、それでふだんは沈着いて、眼をつぶってばかりいて、よっぽど大変な事のある時でなければ眼を開かないと申します。

233 [ci=(私たち)wen(貧しい)] cisehe 〜の家。

234 kosirepa 〜に到着する。

235 [i(人)yayirayke ヤキライケ(感謝する)re(させる)]
yi(キ)の i が落ちた形。ありがとうございます。

236 anak 〜は。

237 níspa 金持ち。[or(所)ta(に)] =〜に。

238 [yay(自分)uko(共に)piski(を数える)] p 者。

239 [ci=(私が)ne(である)] a (完了の助動詞)〜た。
kórka けれども。

240 anakne 〜は。anak と同じ。

241 tan この。koraci 〜のように。

242 sirun ひどい。wénkur 貧乏人。ne 〜に。
wénkur の語尾は次に ne の n 音がくるので n に変る。

243 [okay(なる)=as(私が)] wa 〜して。

246 [ci=(私が)rewsi(に泊る)re(させる)] ka 〜も。

247 [a=(私たちが)e(〜に)oripak(遠慮する / かしこまる)]

248 yákka 〜するけれども。ki wa ne yákka は 1 句の音節
調整。

249 [tan(この)to(日)] 今日。anak 〜は。

250 tane もう。sírkunne 日が暮れる。kusu 〜ので。

251 [tan(この)ukuran(夕)] 今夜。

254 nisatta 明日。

255 ouse ただ。inaw 木幣。ari 〜で。póka せめて〜だけでも。

—35—

第1話　梟の神の自ら歌った謡「銀の滴降る降るまわりに」

257 a=ománte kus ne."	お送り申し上げましょう」
258 ari okay pe	と言う事を
259 ye kor	申しながら
260 tu wan ónkami	何遍も
261 re wan ónkami	何遍も
262 ukakuste.	礼拝を重ねました。
263 poro sikupmat	老婦人は、
264 rórun puray	東の窓の
265 córpoke ta	下に
266 okitarunpe	敷物を
267 sóho kar wa	しいて
268 otta ún=ante.	私を其処へ置きました。
269 tap orowa	それから
270 opittano	みんな
271 hótke i nani	寝ると直ぐに
272 etoro hawe	高いびきで
273 mésrototke.	寝入ってしまいました。
274 ci=netopake	私は私の体の
275 asurpe utut ta	耳と耳の間に
276 rók=as kane	坐って
277 okay＝as áyne	いましたがやがて、
278 si ánnoski	ちょうど、真夜中
279 túrpake ta	時分に
280 cirikipuni=as.	起上がりました。
281 "sirokani pe	「銀の滴
282 ránran pískan	降る降るまわりに
283 kónkani pe	金の滴
284 ránran pískan"	降る降るまわりに」
285 ari an rékpo	という歌を
286 háwkenopo	静かに
287 ci=ki kane,	うたいながら

257 [a=（私たちが）oman（行か）te（せる）] kus つもり。
ne である。omante は人間界を訪れた梟の神を、本来
の神の国へ送りかえすこと。

258 ari と。okay ある。pe こと。

259 ye 言う。kor ～ながら。

262 [u（互い）ka（の上）kus（を通さ）te（させる）] 何回もくり
かえすこと。

266 okitarunpe 菅で編んだ敷物。

267 soho ～の座。kar ～を作る。wa ～して。

268 otta そこへ。[un=（私を）an（いる）te（させる）]

270 [opitta（みんな）no（副詞化辞）]

271 hótke 寝る。i(=hi) こと。nani すぐに。

272 etoro いびき。hawe ～の音。所属形。

273 [més（擬音グーグー）rototke（連続を表す接尾辞）]

274 [ci=（私）netopake（～のからだ）]

275 asurpe 耳。utur の間(t 音の前で r → t) ta ～に。

276 [rok（すわる）=as（私が）] kane ～して。

277 [okay（いる）=as（私が）] áyne ずっと～してやがて。

278 si 本当の。[an（夜）nóski（の真ん中）]

279 [túrpa（を伸ばす）ke（時分）] ta ～に。

280 [ci=（自分）riki（高く）puni（を持ち上げる）=as（私が）]
= 起き上がる。梟の神の魂が死体を離れたこと。

神謡の音数律②　叙事詩の音数律は、5 音節や 4 音節に作
られる。常套句もあるが、ほとんどは謡い手がその場で即
興的に音数律の中で作詞してゆく。それはちょうど短歌を
詠む人が 5 音 7 音をほとんど意識せずに、自然にその韻律
の中で歌い出されていくのと同じようなものである。

—37—

第1話　梟の神の自ら歌った謡「銀の滴降る降るまわりに」

288	tápan pon cise	此の家の
289	eharkiso⁽⁶⁾ un	左の座へ
290	esiso un⁽⁷⁾	右の座へ
291	térke=as humi	美しい音をたてて
292	tununitara.	飛びました。
293	sirappa=as ko	私が羽ばたきをすると
294	ún=piskan ta	私のまわりに
295	pírka ikor	美しい宝物、
296	kamuy ikor	神の宝物が
297	tuy hum kónna	美しい音をたてて
298	tununitara.	落ち散りました。
299	irukay ne ko	一寸のうちに、
300	tan pon cise	此の小さな家を、
301	pírka ikor	りっぱな宝物
302	kamuy ikor	神の宝物
303	ci=esikte.	で一ぱいにしました。
304	"sirokani pe	「銀の滴
305	ránran pískan	降る降るまわりに
306	kónkani pe	金の滴
307	ránran pískan"	降る降るまわりに」
308	ari an rékpo	という歌を
309	ci=ki kane	うたいながら
310	tápan pon cise	此の小さい家を
311	irukay ne ko	一寸の間に

⁽⁶⁾eharkiso…左の座。
⁽⁷⁾esiso…右の座。家の中央に囲炉裏があって、東側の窓のある方が上座、上座から見て右が esiso 左が harkiso。上座に坐るのは男子に限ります、お客様などで、家の主人よりも身分の卑しい人は上座につく事を遠慮します。右の座には主人夫婦がならんですわる事にきまっています。右座の次が左の座で、西側（戸口の方）の座が一ばん下座になっています。

—38—

289 [e(その頭)hárki(左)so(座)]　un 〜へ。脚注参照。

290 [e(その頭)si(本当の)so(座)]　un 〜へ。

291 [térke(跳ぶ)=as(私が)]　humi の音。所属形。

292 [tunun(擬音チリンチリン)itara(状態の継続)]

293 [sirappa(羽ばたく)=as(私が)]　ko 〜と。

294 [un(私の)pískan(のまわり)]　ta 〜に。

297 tuy 落ちる。hum 音。kónna 〜は。

299 irukay しばらく。ne である。ko 〜と。

303 [ci=(私が)e(〜で)sik(いっぱいになる)te(させる)]
　　　e(〜で)がさすのは、上の 2 行の ikor(宝物)。
　　　梟の神の魂は、「此の小さな家をりっぱな宝物でいっ
　　　ぱいに」した、ということ。

神謡の旋律①　神謡には、その神謡ごとに一定の旋律があって謡われる。サケヘは「sáke(節のある所)he(所属形語尾)」の意味だが、原則として一曲中同じ節で統一される。では物語り本文はどうかというと、こちらも旋律がある。幸恵の残した神謡の録音は残っていないので、その旋律はわからないが、録音が残っている沙流地方の神謡を筆者が調べたところ、平均30通りから40通り、多いものでは一曲で62通り、76通りのものまであることがわかった。また一曲の旋律は 5 〜 6 種類の旋律型に分けられ、それらはある基本旋律があって、各旋律はその基本旋律から生まれる変奏であり、全体が一つの統一体をなしていることがわかった。(文部科学省特定領域研究(A)田村すず子編『アイヌ語沙流方言の音声資料 2 〜 3』に発表)このことから、神謡の謡い手は即興で歌詞を作詞していくと同時に、その旋律も即興で変奏・作曲されていくものであることが確かめられた。

—39—

第1話　梟の神の自ら歌った謡「銀の滴降る降るまわりに」

312	káni cise	かねの家、
313	poro cise ne	大きな家に
314	ci=kar okere,	作りかえてしまいました、
315	cise úpsoro	家の中は、
316	kamuy imoma	りっぱな宝物の積場
317	ci=ekarkar,	を作り、
318	kamuy kosonte	りっぱな着物の
319	pírka ike	美しいのを
320	ci=tunaskarkar	早つくりして
321	cise úpsoro	家の中を
322	ci=etomte.	飾りつけました。
323	níspa horari ruwe	富豪の家よりも
324	ókkasi ta	もっとりっぱに
325	tan poro cise	此の大きな家の
326	úpsoroho	中を
327	ci=tomtekarkar,	飾りつけました。
328	ci=okere ko	私はそれを終ると
329	húsko an pe	もとの
330	cisikopayar	ままに
331	ci=hayokpehe[8]	私の胄の
332	asurpe utut ta	耳と耳の間に
333	rók=as kane	坐って
334	okay=as.	いました。
335	cise kor utar	家の人たちに
336	ci=wentarapka.	夢を見せて
337	áynu níspa	アイヌのニシパが

---

[8] hayokpe 胄。鳥でもけものでも山にいる時は、人間の目には見えないが、各々に人間の様な家があって、みんな人間と同じ姿で暮していて、人間の村へ出て来る時は胄を着けて出て来るのだと云います。そして鳥やけものの屍体は胄で本体は目には見えないけれども、屍体の耳と耳の間にいるのだと云います。

—40—

312 káni 金属の。cise 家。

314 [ci＝(私が)kar(を作る)] okere ～してしまう。

316 imoma 宝壇。上座の奥にある宝物の置いてある所。

317 [ci＝(私が)ekarkar(を作る)] 音節数調整のため kar が ekarkar となった。

318 kosonte 美しい絹の着物。＜日本語「小袖」

319 ike (二つ以上のもののうち)より美しい方。

320 [ci＝(私が)tunas(早く)karkar(どんどん作る)]

322 [ci＝(私が)e(～で)tom(光る)te(せる)]

323 níspa 金持ち。horari 住む。ruwe ～もの。家。

324 ókkasi の上。ta に。「～にもまして」の意。

328 [ci＝(私が)okere(～を終える)] ko ～と。

329 húsko 昔。以前。an ある。pe もの。こと。

330 [ci(自ら)si(自分)kopa(～を～とまちがえる)yar(人に ～させる)] まるで～のように。

331 [ci＝(私の)hayokpehe(～の武具)] 脚注参照。

332 asurpe 耳。utur の間。ta ～に。
utur の語尾の r が次の t の前で r → t に変化。

333 [rok(すわる)＝as(私が)] kane ～したままで。

334 [okay(いる)＝as(私が)]

335 cise 家。kor の。utar 人々。

336 [ci＝(私が)wentarap(夢を見る)ka(人に～させる)]

神謡の旋律② 幸恵が金田一に送った２冊目のノートに『アイヌ神謡集』第１話と同じ題名の神謡があるが、その最後に傍注としてつぎのように書かれている。

　此の歌は非常に聞いていると優しい美い感じが致します。この節が私は大好きでございます。

—41—

第1話　梟の神の自ら歌った謡「銀の滴降る降るまわりに」

338	máwkowen wa	運が悪くて
339	wénkur ^{n} ne wa,	貧乏人になって
340	te' eta wénkur	昔貧乏人で
341	tane níspa ne p	今お金持になってる者
342	utarorke wa	たちに
343	a=piye hawe	ばかにされたり
344	a=koréwen siri	いじめられたりしてるさまを
345	ci=nukar wa,	私が見て
346	ci=erampoken kusu,	不憫に思ったので、
347	pásta kamuy	私は身分の卑しいただの
348	ci=ne ruwe ka	神では
349	somo ne kórka,	ないのだが、
350	áynu cise	人間の家
351	ci=korewsi	に泊って、
352	ci=pirkare ruwe	恵んでやったのだ
353	ne katuhu	という事を
354	ci=eramante.	知らせました。
355	tap orowa	それが済んで
356	pónno okay=as	少したって
357	sírpeker awa	夜が明けますと
358	cise kor utar	家の人々が
359	sine ikin ne	一しょに
360	uhopunpare.	起きて
361	sik noyanoya	目をこすりこすり
362	ínkan rok pe	家の中を見ると
363	opittano	みんな
364	ámso ka ta	床の上に
365	oahuntaypa.	腰を抜かしてしまいました。
366	poro sikupmat	老婦人は

—42—

338 [maw(運)ko(に)wen(悪い)] wa 〜して。

339 wénkur 貧乏人。ne 〜になる。wa 〜て。
kur の r が次の n 音の前で n に音韻変化。

342 [utar(人々)orke(のところ)] wa 〜から。

343 [a=(人)pi(ひそひそ)ye(言う)] hawe 言われること。

344 [a=(人)kor(もつ)e(について)wen(悪い)]
kor-e-wen 虐待する。siri そのようす。

346 [ci=(私が)erampoken(をかわいそうに思う)]
kusu 〜ので。

347 pásta 凡庸の。＜日本語「端」か。

348 [ci=(私が)ne(である)] ruwe こと。ka 〜も。

349 somo 〜ない。ne である。kórka けれども。

351 [ci=(私が)ko(〜に)réwsi(泊る)]

352 [ci=(私が)pírka(よくなる)re(させる)] 豊かにする。
ruwe こと。

353 ne である。katuhu わけ。事情。

354 [ci=(私が)eraman(〜をわかる)te(させる)]

356 pónno 少し。[okay(ある)=as(私が)]

357 [sir(あたり)peker(明るくなる)] awa 〜したが。

359 sine 一つの。ikir ものの集合。ne 〜に。

360 [u(互いに)hopunpa(起きる)re(させる)]
u 〜 re の構文「皆で〜する」

361 sik 目。noya をこする。

362 ínkar 見る(自動詞)。rok いる。ある。pe こと。

363 [opitta(みんな)no(副詞化辞)]

364 ámso 何も敷いていな床。ka の上。ta 〜に。

365 oahuntaypa 尻餅をつく。驚いたようす。

—43—

第1話　梟の神の自ら歌った謡「銀の滴降る降るまわりに」

367	tu cis wénpe	声を上げて
368	yáyekote,	泣き
369	poro sikupkur	老人は
370	tu peker ^{n} núpe	大粒の涙を
371	re peker ^{n} núpe	ポロポロこぼして
372	yáykorapte,	いましたが、
373	okay rok íne,	やがて、
374	poro sikupkur	老人は
375	cirikipuni	起上がり
376	ún=otta árki	私の処へ来て、
377	tu wan ónkami	二十も
378	re wan ónkami	三十も礼拝を
379	ukakuste	重ねて、
380	kúrkasike	そして
381	itak omare：	云う事には
382	"tarap hetap ne	「ただの夢
383	mokor hetap ne	ただの眠りを
384	ci=ki kuni	したのだと
385	ci=ramu awa	思ったのに、
386	iyosserkere	ほんとうに、
387	i=kar=an ruwe,	こうしていただいた事。
388	wén=as siri	つまらない
389	otuy=as$^{(9)}$ siri	つまらない
390	ci=wen cisehe	私共の粗末な家に
391	kosirepa	お出で下さる事
392	patek ne yákka	だけでも
393	ci=eyayrayke p,	有難く存じますものを
394	kotan kor kamuy	国の神様

---

(9) otuype…尻の切れた奴。犬の尻尾の切れた様に短いのはあまり尊びません。極くつまらない人間の事を wenpe…悪い奴、otuype…尻尾の切れた奴と悪口をします。

367 tu ひどく < toy。cis 泣く。wenpe こと。

368 [yay(自分)e(それに)kote(を結びつける)]

370, 371 tu 〜 , re 〜「多くの」の意の対句表現。
「peker(白い)núpe(涙)」＝大粒の涙。

372 [yay(自分)ko(に)rap(落ちる)te(させる)]

373 okay いる。rok 完了。híne(＝íne)そして。

376 [un(私の)otta(ところに)] árki 来る。

377, 378 tu wan 二十。re wan 三十。ónkami 拝む。

379 [u(互い)ka(の上)kus(を通る)te(させる)] くり返す。

381 itak 言葉。omare 〜を〜に入れる。「言う」の意。

382, 383 tarap 夢。hetap ne であるか。mokor 眠り。

384 [ci=(私が)ki(をする)] kuni 〜と。

385 [ci=(私が)ramu(〜と思う)] awa 〜したが。

386 iyosserkere 驚いたことに。

387 [i=(私たちに)kar(をする)=an(あなた様が)]

388 [wen(貧しい)=as(私どもが)] siri そのようす。

389 [o(尻尾)tuy(切れる)=as(私どもが)]

390 [ci=(私どもの)wen(粗末な)] cisehe 〜の家。

391 [ko(に)sirepa(着く)]

392 patek だけ。ne yákka(たとえ)〜であっても。

393 [ci=(私どもが)eyayrayke(をありがたく思う)]

修辞技法① 対句 神謡の修辞には対句が多用される。
このページには、つぎの4つの対句がある。

 ① 370 tu peker núpe 371 re peker núpe

 ② 377 tu wan ónkami 378 re wan ónkami

 ③ 382 tarap hetap ne 383 mokor hetap ne

 ④ 388 wén=as siri 389 otuy=as siri

第1話　梟の神の自ら歌った謠「銀の滴降る降るまわりに」

395	páse kamuy	大神様、
396	máwkowen=as ruwe	私たちの不運な事を
397	cierampoken	哀れんで
398	ún=ekarkar,	下さいまして
399	ci=kasnukar[10] nákka	お恵みのうちにも
400	sípase ike	最も大きいお恵みを
401	a=un=ékarkar	いただき
402	ki ruwe okay."	ました事」
403	ari okay pe	と云う事を
404	cis turano	泣きながら
405	eonkami.	申しました。
406	tap orowa	それから
407	poro sikupkur	老人は
408	inawni tuye	イナウの木をきり
409	pírka inaw	りっぱなイナウを
410	tómtekar wa	美しく作って
411	ún=etomte.	私を飾りました。
412	poro sikupmat	老婦人は
413	yáykokutkor	身支度を
414	yupu kane	して
415	pon hekaci	小さい子を
416	sikasuyre	手伝わせ、
417	usa nína	薪をとったり
418	usa wákkata	水を汲んだりして、
419	sake suye	酒を造る
420	etokooyki,	支度をして、
421	irukay ne ko	一寸の間に
422	iwan ^{y} síntoko	六つの酒樽を

---

[10] cikasnukar. 神が大へん気に入った人間のある時、ちっとも思いがけない所へ、其の人間に何か大きな幸を恵与すると、其の人は ikasnukar an と云ってよろこびます。

—46—

394 kotan 村。kor を守る。kamuy 神。梟の神のこと。

396 [maw(運)ko(に)wen(悪い)=as(私たちが)] ruwe こと。

397～398 ci ＋他動詞＋ ekarkar「～をする」の構文。
erampoken を哀れむ。[un=(私に)ekarkar(をする)]

399 [ci=(私たちが)kasnukar(を授かる)] nákka ～も。

400 si 本当の。páse 重い。ike(＝ hike)～の方。

401 [a=(あなた様が)un=(私どもに)ekarkar(～をする)]

402 ki をする。ruwe こと。okay ある。

404 cis 泣く。turano ～といっしょに。

405 eonkami ～にお礼を言う。

408 [inaw(木幣)ni(木)] tuye を切る。

410 [tom(光ら)te(せる)kar(を作る)] wa ～して。

411 [un=(私を)e(それで；イナウで)tomte(を飾る)]

413 [yay(自分)ko(に)kut(帯)kor(を持つ)]

414 yupu ～をきつく締める。kane ～して。

416 [si(自分を)kasuy(手伝う)re(させる)]

417 usa ～ usa ～～やら～やら。nína 薪とりをする。

418 [wákka(水)ta(を汲む)]

419 sake 酒。suye 煮る。炊事する。(酒を)造る。

420 [etoko(その先)oyki(に物事をする)]～の用意をする。

修辞技法② 中相表現(その１) 雅語的表現として中相形
(Middle voice)という特殊表現がある。ci(自ら)＋他動詞が
基本形で、結局自動詞の意味を表す。つまり主格の動作(他
動詞)が自身へ加えられて結局自らの動作(自動詞)となる。
397-8の例は別の形で、ci ＋他動詞＋ ekarkar「～をする」
の構文。ci ＋他動詞で名詞化され、ekarkar の目的語になる。
人称接辞は ekarkar につく。(自動詞は名詞化する)

—47—

第1話　梟の神の自ら歌った謡「銀の滴降る降るまわりに」

423	róroraypa.	上座にならべました。
424	orowano	それから私は
425	apehuci(11)	火の老女
426	kamuyhuci tura	老女神と
427	usa okay	種々な
428	kamuy oruspe	神の話を
429	ci=euwenewsar.(12)	語り合いました。
430	tútko pákno	二日程
431	síran ko,	たつと、
432	kamuy erusuy pe	神様の好物
433	ne p ne kusu	ですから
434	cise úpsoro	はや、家の中に
435	sake húra	酒の香が
436	epararse.	漂いました。
437	táta otta	そこで、
438	néa hekaci	あの小さい子に
439	okamkino	態と
440	húsko amip	古い着物を
441	amire wa	着せて、
442	kotanepitta okay	村中の
443	te' eta wénkur	昔貧乏人で
444	tane níspa ne p	今お金持ちになっている
445	utarorkehe	人々を

---

(11)apehuci…火の老女。火の神様は、家の中で最も尊い神様で
おばあさんにきまっています。山の神や海の神、その他種々な
神々が此のふくろうの様にお客様になって、家へ来た時は、此
の apehuci が主になって、お客様のお相手をして話をします。
ただ kamuyhuci(神老女)と云ってもいい事になっています。
(12)newsar 語り合う事。種々な世間話を語り合うのも newsar. 普
通 kamuyyukar(神謡)や uwepeker(昔譚)の様なものを newsar と
云います。

—48—

422 iwan 六つの。n が s の前で→ i。síntoko 酒の容器。

423 [ror(上座)o(そこに)raypa(〜に移動する)]

425 [ape(火)húci(老女)]

426 kamuyhuci = apehuci 脚注参照。tura と一緒に。

427 usa いろいろな。okay ある。

428 kamuy 神。oruspe 〜に関する話。

429 [ci=(私が)e(で)u(互い)w(挿入音)e(といっしょに)
newsar(話し合う)] 始めの e は oruspe をさし、後の e
は u-(互い)をさす。

430 [tu(二つの)t(前の音節の子音の重複)ko(日 < to)] 二
日間。pákno ほど。

431 síran (時間が)たつ。ko 〜と。

432 [e(を食べる)rusuy(〜したい)] pe もの。＝好物。

433 ne である。p もの。ne である。kusu から。

435 sake 酒。húra 香り。

436 eparparse パーッと広がり、漂う。

440 húsko 古い。[a(人が)mi(着る)p(もの)] 着物。

441 [a(人が)mi(着る)re(させる)] wa 〜して。

442 [kotan(村)epitta(じゅう)] okay いる。住む。

445 [utar(村人)orkehe(たち)]

シントコ（síntoko）　古代の日本で「ほかい」（外居、行器）
といわれた容器。食物を盛って他所へ運ぶのに用いた。木
製で蓋つきの大きい深い容器。墨漆塗り蒔絵のものが多い。
日本人との交易で手に入れたもので、宝物として上座の奥、
北側の imoma（宝壇）に置かれて大切にされた。

　酒を造る容器としても使われ、また酒席で客に酒を供す
るための酒櫃としても使われた。

—49—

第1話　梟の神の自ら歌った謡「銀の滴降る降るまわりに」

446	áske[13] a=ukte kusu	招待する為
447	a=sanke wa kusu	使いに出してやりましたので
448	ósi ínkar=as ko	後見送ると、
449	pon hekaci	子供は
450	cise písno	家毎に
451	ahun wa	入って
452	sónko ye ko,	口上を述べますと
453	te' eta wénkur	昔貧乏人で
454	tane níspa ne p	今お金持ちになっている
455	utarorkehe	人々は
456	euminare :	大笑いをして、
457	"usayne tap suy	「これはふしぎ、
458	wénkur utar	貧乏人
459	koohanepo	どもが
460	nékona an	何んな
461	sake kar wa	酒を造って
462	nékona an	何んな
463	marapto an wa	ごちそうがあって
464	eunahunke	そのため人を招待する
465	hawe ta an,	だろう。
466	paye=an wa	行って
467	nékona sirki ya	何んな事があるか
468	ínkar=as wa	見物して
469	a=emína ro." ari	笑ってやりましょう。」と
470	hawokay kane	言い合いながら
471	ínne topa ne	大勢
472	uweutanne	打連れて

---

[13]aske a uk. aske は指、手。a uk は取る。何か祝いがある時人を招待する事を云います。

—50—

446 [a（人が）uk（を取る）te（させる）] kusu ために。

447 [a（人が）sanke（～（少年）を（使いに）出す] wa ～して。

448 ósi その後。[ínkar（見る）=as（私が）] ko ～と。
as（私が）は、「梟の神が少年の後ろ姿を見送る」。

450 cise 家。písno 毎に。

451 ahun 入る。

452 sónko 伝言。ye 言う。ko ～と。

456 [e（それについて）u（互いに）mína（笑う）re（させる）]
u ～ re の構文「皆で～する」

457 usayne いろいろ。tap これ。suy また。
人の言葉を受け取って意外の心を表す答えの言葉。

459 koohanepo 沙流方言では「あんなつまらない者」。

460 [雅語] nékona どのように。an ある。

461 sake 酒。kar ～を造る。wa ～て。

463 marapto 饗宴。＜日本語「まらひと（客賓）」

464 [e（そのため）unahunke（～を招待する）]

465 hawe ということ。ta 強調。an ある。

466 [paye（行く）=an（私たちが）] wa ～て。

467 nékona どのような。sírki ～ようす。ya ～か。

468 [ínkar（見る）=as（私たち）が] wa ～て。

469 [a=（私たちが）emina（～を笑う）] ro ～しよう。
ari ～と。

470 hawokay ～を言う。kane ～ながら。

471 [ir（集団）ne（になる）] 大勢の。
ir の r、n の前で n に。
topa 群。ne ～に。

472 [u（互い）w（挿入句）e（と一緒に）utar（仲間）ne（になる）]

—51—

第1話 梟の神の自ら歌った謡「銀の滴降る降るまわりに」

473	árki áyne	やって来て、
474	toop túymano	ずーっと遠くから、
475	ouse cise	ただ家を
476	nukar wa	見ただけで
477	ehomatpa	驚いて
478	yástoma wa	はずかしがり、
479	nani hosippa p ka okay,	其の侭帰る者もあります
480	cise soy pákno	家の前まで
481	árki wa	来て
482	oahuntaypa p ka okay.	腰を抜かしているのもあります。
483	sírki ciki	すると、
484	cisekor kátkemat	家の夫人が
485	sóyne wa	外へ出て
486	áynu opitta	人皆の
487	áskehe uk wa	手を取って
488	ahupte ko,	家へ入れますと、
489	opittano	みんな
490	sinu kane	いざり
491	reye kane	這い
492	ahup wa	よって
493	hepunpa ruwe	顔を上げる
494	oarar isam.	者もありません。
495	síran ciki	すると、
496	cisekor ^{n} níspa	家の主人は
497	cirikipuni	起上って
498	ki caranke	カッコウ鳥の様な美しい

—52—

474	toop ずっとはるか。[túyma(遠い)no(副詞形成)]
475	ouse ただ。
476	nukar ～を見る。他動詞。自動詞は ínkar(見る)。
479	nani すぐに。hosippa 帰る。p 者。ka も。
	okay ある。
480	cise 家。soy 外。pákno まで。
483	sírki (そう)なる。ciki ～と。「すると」の常套句。
484	[cise(家)kor(の)] katkemat りっぱな婦人。
485	sóyne 外へ出る。wa ～て。
486	áynu 人。opitta みんな。
487	áskehe 手。所属形。uk を取る。wa ～て。
488	[ahup(入る)te(させる)] ko ～と。
490	sinu はいずる。kane ～しながら。
492	ahup 入る。wa ～て。
493	[he(頭)punpa(～をあげる)] ruwe ～こと。
494	oarar 全く。< oar(全く)の反復形 oaroar。
	isam ない。「全くない」というときの常套句。
495	síran (状況が)そうなっている。ciki ～ので。
498	ki をする。caranke 談判する。説得する。

音素交替 音素の並び方に制限があり、並ぶことのできない音素が続くとき、一方が他の音素に変ること。

～ r, n ～→～ n, n ～ [例] 17 wenkur ne → wenkun ne

～ r, c ～→～ t, c ～ [例] 67 nukar ciki → nukat ciki

～ r, t ～→～ t, t ～ [例] 275 utur ta → utut ta

～ r, r ～→～ n, r ～ [例] 362 inkar rok → inkan rok

～ n, s ～→～ y, s ～ [例] 422 iwan sintoko → iway sintoko

第1話　梟の神の自ら歌った謡「銀の滴降る降るまわりに」

499	kákkok haw[14] ne	声で物を言い
500	ouse túrse	ました。
501	ene ene	斯斯の
502	ne katuhu	訳を
503	eisoitak:	物語り
504	"tápne tápne	「此の様に、
505	wénkur a=ne wa	貧乏人で
506	raukisamno	へだてなく
507	ukopayekay ka	互に往来も
508	a=eáykap ruwe	出来なかったの
509	ne a kórka	だが
510	páse kamuy	大神様が
511	ún=erampokiwen,	あわれんで下され、
512	nep wénpuri	何の悪い考えも
513	ci=kon ruwe ka	私どもは持って
514	somo ne a kusu	いませんでしたので
515	tan koraci	此の様に
516	a=un=kásnukar	お恵みをいただき
517	ki ruwe ne kusu,	ましたのですから
518	tan téwano	今から
519	kotan epitta	村中、
520	sine utar	私共は一族の者
521	a=ne ruwe ne kusu	なんですから、
522	uwekatayrotke=an	仲善くして
523	ukopayekay=an	互に往来をしたい
524	ki kuni ne	という事を
525	níspa utar	皆様に
526	a=korámkor	望む

---

[14] kakkokhaw…カッコウ鳥の声。カッコウ鳥の声は、美しくハッキリと耳に響きますから、ハキハキとしてみんなによくわかるように物を云う人の事をカッコウ鳥の様だと申します。

499 kákkok カッコウ鳥。haw 声。ne で（ある）。

500 ouse 声高く。明瞭に。túrse 落ちる。

　　1句全体で「朗らかにひびいてくる」意。

498〜500　3句一連で、「カッコウ鳥のような美しい声で、物を言いました」となる。

501 ene このように。ene ene で「斯く斯くの」。

502 ne である。katuhu 事情。訳。

505 [a=（私どもが）ne（である）] wa 〜て。

507 [uko（互いに）payekay（行き来する）] ka 〜も。

508 [a=（私たち）e（について）aykap（できない）] ruwe の。

509 ne である。a （完了）〜た。kórka けれども。

512 nep 何の。[wen（悪い）puri（行状）]

513 [ci（私どもが）kor（を持つ）] ruwe こと。ka も。

514 somo ない。ne である。a （完了）〜た。kusu ので。

515 tan この。koraci のように。

516 [a=（人が）un=（私たちに）kásnukar（に恵んでやる）]

519 kotan 村。epitta じゅう。全体。

520 sine 一つの。utar 仲間。同族。

521 [a=（私たち）ne（である）] ruwe ne ことである。
　　kusu 〜ので。

522 [u（互いに）w（挿入句）e（と）katayrotke（親しくする）=an（私たちが）]

523 [uko（ともに）payekay（行き来する）=an（私たちが）]

524 ki 〜をする。kuni するつもり。ne である。

525 níspa りっぱな人。utar たち。

526 [a=（私）koramkor（〜と相談する）]

第1話　梟の神の自ら歌った謡「銀の滴降る降るまわりに」

527　siri tápan."	次第であります」
528　ari okay pe	という事を
529　ecaranke awa	申し述べると、
530　níspa utar	人々は
531　otu sanaske	何度も何度も
532　ore sanaske	手を
533　ukaenoypa	すりあわせて
534　cisekor ^{n} níspa	家の主人に
535　koyayapapu,	罪を謝し、
536　téwano anak	これからは
537　uwekatayrotke kuni	仲よくする事を
538　eukoitak.	話合いました。
539　ciokay nákka	私も
540　a=un=kóonkami.	みんなに拝されました。
541　tap orowa	それが済むと、
542　áynu opitta	人はみな、
543　ramuriten wa	心が柔らいで
544　sisak tonoto	盛んな酒宴を
545　ukoante.	開きました。
546　ciokay anak	私は、
547　Kamuy Húci	火の神様や
548　Cisekor Kamuy [15]	家の神様や
549　Nusakor [16] Húci tura	御幣棚の神様と

[15] cisekorkamuy…家を持つ神。火の神が主婦で、家の神が主人の様なものです。男性で cisekor-ekasi…家を持つおじいさんとも申します。

[16] nusakor kamuy…御幣棚を持つ神、老女。御幣棚の神も女性にきまっています、何か変事の場合人間にあらわれる事がありますが、その時は蛇の形をかりてあらわれると云います。それで御幣棚の近所に、または東の方の窓の近所に、蛇が出て来たりすると、「きっと御幣棚のおばあさんが用事があって外出したのだろう」と言って、決して其の蛇を殺しません。殺すと罰が当りますと云います。

—56—

527 siri 〜のこと。tápan これである。

529 ecaranke 〜を説得する。awa 〜と。

531〜532 otu 〜 , ore 〜「多くの」の意の対句表現。
[san(前に出る)aske(手)]

533 [u(互い)ka(の上)e(で)noypa(合せる)]
以上の3句;アイヌの儀礼的な拝礼のようす。

535 [ko(に対して)yay(自分)apapu(を責める)]

537 [u(互い)w(挿入句)ekatayrotke(〜と仲良くする)]
kuni 〜するつもりであること。

538 [e(について)uko(ともに)itak(話す)]

539 ciokay [人称代名詞] 私。梟の神。nákka 〜も。

540 [a=(人々が)un=(私に)ko(〜に)onkami(拝礼する)]

543 [ramu(心が)riten(柔らかくなる)] wa 〜して。

544 sisak 珍しい。tonoto 酒宴。

545 [uko(ともに)an(ある)te(させる)] =開いた。

神謡の音数律③ 幸恵の弟、知里真志保はその著『アイヌ語入門』で「叙事詩の分節例」として第1話の冒頭8行を示す。

si-ró-ka-ní-pe	シ・ろ・カ・に・ペ（5音節）
rán-ran-pís-kan	らン・ラン・ぴシ・カン（4音節）
kón-ka-ní-pe	こン・カ・に・ペ（4音節）
rán-ran-pís-kan	らン・ラン・ぴシ・カン（4音節）
a-rí-an-rék-po	ア・り・アン・れ／・ポ（5音節）
chi-kí-ka-né	チ・き・カ・ね（4音節）
pé-te-só-ro	ぺ・テ・そ・ロ（4音節）
sá-pa-sáy-ne	さ・パ・さィ・ネ（4音節）

[筆者注] ローマ字にはアクセント記号で、カナ文字にはひらがなのゴシックでアクセントを示している。

—57—

第1話 梟の神の自ら歌った謡「銀の滴降る降るまわりに」

550	uwenewsar=as kor	話合いながら
551	áynupito utar	人間たちの
552	tápkar siri	舞を舞ったり
553	rímse siri	躍りをしたりするさまを
554	ci=nukar wa	眺めて
555	ci=eyaykiror	深く興がり
556	ánte kane,	ました。そして
557	tútko rérko	二日三日
558	síran ko	たつと
559	iku oka an.	酒宴は終りました。
560	áynupito utar	人間たちが
561	uwekatayrotke siri	仲が善いありさまを
562	ci=nukar wa	見て、
563	ci=eramusinne,	私は安心をして
564	Kamuy Húci	火の神
565	Cisekor Kamuy	家の神
566	Nusakor Húci	御幣棚の神に
567	ci=etutkopak.	別れを告げました。
568	tap orowa	それが済むと
569	ci=uncisehe	私は自分の家へ
570	ci=kohekomo.	帰りました。
571	ún=etok ta	私の来る前に、
572	ci=uncisehe	私の家は
573	pírka inaw	美しい御幣
574	pírka sake	美酒が
575	ciesikte.	一ぱいになっていました。
576	síran ciki	それで
577	hánke kamuy	近い神
578	túyma kamuy	遠い神に

550 [u（互いに）w（挿入音）e（といっしょに）newsar（語り合う）=as（私が）] kor ～しながら。

551 [áynu（人間）pito（人＜日本語）] utar ～たち。

552 [tap（踊りのときの足音の擬音）kar（をする）]踏舞する。siri そのようす。

553 [rim（足音のドンという擬音）se（音をたてる）] 踊る。

555〜556 [ci=（私が）e（～について）yay（自身）kiroran（おもしろく思う）te（させる）] kane ～して。
kiroran は長いので kiror-ante と 2 行にわたる。

557 tútko 二日。rérko 三日。

558 síran 時がたつ。ko ～と。

559 iku 酒宴。{oka の後。an ある。} 終る。

561 537参照。

563 [ci=（私が）eramusinne（～のことで安心する）]

567 [ci=（私が）e（～に）tutkopak（に別れをつげる）]

569 [ci=（私）un（の）cisehe（家）]

570 [ci=（私が）ko（～に）hekomo（戻る）]

571 [un=（私の）etok（の先）] ta ～に。

575 [ci（自ら）esik（～で満ちる）te（させる）] いっぱいになる。

修辞技法③ 中相表現（その 2） その 1 で示したように、中相形という特殊な表現があり、上の575の句はその基本形 ci（自ら）＋他動詞 の例といえる。つまり esikte（～でいっぱいにする）という他動詞の動作が自分自身へ加えられて「いっぱいになる」という自動詞になる。語尾は「～させる」意の -te, -re, -ka, -kar などのついた使役形をとるものが多い。

　303の例は、ci=esikte の ci（私が）は人称接辞で梟の神の「いっぱいにする」動作で意味が違う。

第1話　梟の神の自ら歌った謡「銀の滴降る降るまわりに」

579	ci=kosonkoanpa	使者をたてて
580	ci=tak wa	招待し、
581	sisak tonoto	盛んな酒宴を
582	ci=ukoante,	張りました。
583	iku túyka ta	席上、
584	kamuy utar	神様たちへ
585	ci=koisoitak a,	私は物語り、
586	áynu kotan	人間の村を
587	ci=hotanukar	訪問した時の
588	ene síran hi	其の村の状況、
589	ene sírki hi	其の出来事を
590	ci=omommomo ko,	詳しく話しますと
591	kamuy utar	神様たちは
592	ún=kopuntek.	大そう私をほめたてました。
593	kamuy utar	神様たちが
594	hekompa hi ta	帰る時に
595	pírka inaw	美しい御幣を
596	tup ci=kore	二つやり
597	rep ci=kore.	三つやりしました。
598	néa áynu kotan orun	彼のアイヌ村の方を
599	ínkar=as ko	見ると、
600	tane anakne	今はもう
601	rátcitara	平穏で、
602	áynupito utar	人間たちは
603	opittano	みんな
604	uwekatayrotke	仲よく、
605	néa níspa	彼のニシパが
606	kotan esapane wa okay.	村に頭になっています、
607	néa hekaci	彼の小供は、
608	tane anakne	今はもう、

—60—

579 [ci=(私が)ko(〜に)sonko-an(使者を立てる)pa(複数)]

580 [ci=(私が)tak(人を招待する)] wa 〜して。

581-2 神の国でも、人間と同じように酒宴を張るという。

583 iku 酒宴。tuyka の上。ta 〜で。

585 [ci=(私が)ko(〜に)isoitak(話す)] a 完了:〜した。

588 ene そのように。síran の様子だった。hi こと。

589 sírki そのようにした。hi こと。

590 [ci=(私が)omommomo(〜をくわしく話す)] ko と。

592 [un(私)ko(に対して)puntek(喜ぶ)]= 私をほめる。

594 hekompa 帰る。hi とき。ta 〜に。

596 tup 二つ。[ci=(私が)kor(を持つ)e(=re させる)]

597 rep 三つ。ci=kore 私が(神々に)持たせた。

598 néa あの。áynu kotan 人間の村。orun の方へ。

599 [ínkar(目をやる)=as(私が)] ko 〜と。

600 tane 今。anakne 〜は。

601 [rátci(静かである)itara(継続を表す接尾辞)]

606 [e(そこで)sapa(支配する地位)ne(である)]= 支配する。
wa okay 〜になっている。

イヨマンテ [i(ものを)y(挿入音)oman(行か)te(せる)] の意。
動物の神は本来「神の国」に住むものであり、人間の世界
へは、肉や毛皮を与えるなど人間の世界に利益をもたらす
ために仮の姿をしてやってくる。その利益をいただいた後
は、儀礼を尽くして神の国へ送り返さなければならないと
アイヌ民族は考える。それがイヨマンテの精神であり、民
族のもつ自然に対する思想なのである。

熊を送る儀礼が最大のものだったが、そのほかの動物の
神の送りもあり、第1話はフクロウの神のイヨマンテであ
る。

第1話　梟の神の自ら歌った謡「銀の滴降る降るまわりに」

609	ókkay pákno	成人
610	sikup wa,	して、
611	mat ka kor	妻ももち
612	po ka kor,	子も持って
613	onaha ka,	父や
614	unuhu ka,	母に
615	núnuke kor okay,	孝行をしています、
616	rámma rámma	何時でも何時でも、
617	sake karici ko	酒を造った時は
618	ikir átpa ta	酒宴のはじめに、
619	usa inaw	御幣や
620	usa sake	お酒を
621	ún=enomi,	私に送ってよこします。
622	ciokay nákka	私も
623	áynu utar	人間たちの
624	sérmakaha	後ろに
625	hémpara nákka	何時でも
626	ci=ehorari,	坐して
627	áynu mosir	人間の国を
628	ci=epunkine wa	守護って
629	okay=as.	います。
630	ari kamuycikap kamuy isoitak.	と、ふくろうの神様が物語りました。

神謡の旋律③　前述のように『アイヌ神謡集』の録音がないのでその旋律はわからないが、手がかりはある。アイヌ語のアクセントは高低アクセントなので、そこに高い低いという最小限の旋律が生まれる。歌曲の場合を考えても、旋律というものはアクセントを基本にしている。それならばアクセントの旋律を基本にしたリズムで読むと一つの謡が生まれる。それをもとに発展させて自分なりの変奏をしてもよい。

609　ókkay 成人。pakno 〜まで。

610　sikup 成長する。wa 〜して。

611　mat 妻。ka 〜も。kor 持つ。

613　onaha（彼の）父。所属形。　ka 〜にも。

614　unuhu（彼の）母。

615　núnuke 孝行する。kor okay 〜しつつある。

616　rámma いつも。

617　sake 酒。[kar（〜を造る）ici（複数語尾）]　ko 〜と。

618　{ikir 列。átpa 先頭。ta 〜に。} 真っ先に。

619〜620　usa 〜 usa 〜　〜や〜や。

621　[un=（私に）e（〜で）nomi（〜をまつる）]

622　ciokay 私。nákka 〜も。

625　hémpara いつ。

626　[ci=（私が）e（そこに）horari（住む）]

628　[ci=（私が）epunkine（を守護する）]　wa 〜して。

630　ari 〜と。kamuycikap 梟。isoitak 物語った。

神謡の音数律④　リズムのとりかた

　沙流などの録音資料によると、１句を４拍で謡うものが標準的で、その場合５音節の１句はつぎのようなリズム配分で謡う場合が多い。

　　半拍＋半拍＋１拍＋１拍＋１拍　（計４拍）

つまり *タタ・タン・タン・タン* というリズム。

４音節の１句は、１拍×４の４拍で均等に謡う。

つまり *タン・タン・タン・タン* というリズム。

６音節以上の字余りの場合は半拍に分けるところを増やす。字足らずの場合は、どこかを引き伸ばしたり、ki など特に意味のない語を入れたりして音節数を調整する。

第1話　梟の神の自ら歌った謡「銀の滴降る降るまわりに」

第1話冒頭のアクセントによるリズム読みの例（1句：4拍）

1	"sirokani pe	シロ	カ	ニ	ペ
2	ránran pískan	ラン	ラン	ピシ	カン
3	kónkani pe	コン	カ	ニ	ペ
4	ránran pískan"	ラン	ラン	ピシ	カン
5	ari an rékpo	アリ	アン	レㇰ	ポ
6	ci=ki kane	チ	キ	カ	ネ
7	pétesoro	ペ	テ	ソ	ロ
8	sáp=as áyne,	サ	パ	サイ	ネ
9	áynu kotan	アイ	ヌ	コ	タン
10	énkasike	エン	カ	シ	ケ
11	ci=kus kor	チ	クㇱ	コ	ロ

12	sicorpok un	シ	チョロ	ポ	クン
13	ínkar=as ko	イン	カ	ラシ	コ
14	te'eta wénkur	テ	エタ	ウェン	クル
15	tane níspa ne,	タネ	ニシ	パ	ネ
16	te'eta níspa	テ	エタ	ニシ	パ
17	tane wénkur ne	タネ	ウェン	クン	ネ
18	kotom síran.	コ	トム	シ	ラン
19	atuy téksm ta	アトゥイ	テク	サム	タ
20	áynu hekattar	アイ	ヌ	ヘカッ	タラ
21	áksinot pon ku	アク	シノト	ポン	ク

[注] 11の ci=kus kor は、1句が3音節だが、この句のように句の終りに kor のような r 音がきた場合は、koro と母音をつけた形で終ることができる約束がある。したがって1句全体は4拍子で謡うことができる。

—65—

第2話　狐が自ら歌った謡「トワトワト」

2　Cironnup yayeyukar

"Towa towa to"

1	sinean to ta	或日に
2	armoysam un	海辺へ
3	nunipe=as kusu	食物を拾いに
4	sap=as.	出かけました。
5	sumatumu cascas,	石の中ちゃらちゃら
6	towa towa to	トワトワト
7	nitumu cascas,	木片の中ちゃらちゃら
8	towa towa to	トワトワト
9	sap=as kor	行きながら
10	sietok un	自分の行手を
11	inkar=as awa	見たところが
12	armoysam ta	海辺に
13	hunpe yan wa	鯨が寄上って
14	aynupito utar	人間たちが
15	usiyuk ko	みんな盛装
16	turpa kane	して
17	iso etapkar	海幸をば喜び舞い
18	iso erimse	海幸をば喜び踊り
19	ica utar	肉を切る者
20	irura utar	運ぶ者が
21	utasatasa	行き交うて
22	nispa utar	重立った人たちは
23	iso eonkami p[1]	海幸をば謝し拝む者

---

[1] isoeonkami, iso は海幸 eonkami は…を謝す事。鯨が岸で打上げられるのは海の大神様が人間に下さる為に御自分で持って来て、岸へ打上げて下さるものだと信じて、其の時は必ず重立った人が盛装して沖の方をむいて礼拝をします。

第2話　狐が自ら歌った謡
「トワトワト」

[題名]　cironnup キツネ。[ci（我々が）ronnu（殺す）p（もの）]
または [ci（される）ronnu（殺す）p（もの）]＝ 殺されるもの。

第2話　キツネの神が四つの見間違いをし、自分の曇りまなこを自嘲ぎみに口汚くののしるという愉快で楽しい話。

1　[sine（一つの）an（ある）]＝ 或る。to 日。ta に。

2　[ar（一方の）moy（入り江）sam（の側）)] 海辺。un 〜へ。

3　[nunipe（食べ物を拾う）＝as（私が）]　kusu 〜ために。

4　[sap（浜へ出る）＝as（私が）]

5　[suma（石）tumu（の中）]　cascas チャシチャシ 擬音。
　　幸恵ノートでは「石原」となっている。

6　towa towa to　特殊なサケへで、狐が歩くときのユー
　　モラスな足取を描写し、その進行に合せて謡われる。

7　[ni（木）tumu（の中）]　ノートは「木原」。

9　[sap（浜へ出る）＝as（私が）]　kor 〜しながら。

10　[si（自分）etok（の先）]　un 〜へ。**最初の見まちがい**

11　inkar（目をやる）自動詞。他動詞は nukar（〜を見る）。
　　inkar ＜ [i（ものを）nukar（を見る）]

13　humpe 鯨。hunpe は誤植であろう。49, 58と第8話の
　　15個所すべて humpe。yan 岸に上がる。

15　[u（互いに）siyuk（装束する）]　ko 〜とともに。

16　turpa 〜を伸ばす。「居並ぶ」ようす。

17, 18　iso 獲物。

19　[i（ものを）ca（を切り取る）]

20　[i（ものを）rúra（を運ぶ）]

21　[u（互い）tasa（と交代して）tasa（反復：動作の繰返し）]

—67—

第2話　狐が自ら歌った謡「トワトワト」

24	emus ruyke p	刀をとぐ者など
25	armoysama	浜一ぱいに
26	kokunnatara,	黒く見えます。
27	ci=nukat ciki	私はそれを見ると
28	síno ci=eyaykopuntek.	大層喜びました。
29	"hetak ta usa	「ああ早く
30	too an hi	あそこへ
31	ci=kosirepa	着いて
32	ponno póka	少しでもいいから
33	ci=ahupkar	貰い
34	okay" ari	たいものだ」と
35	yaynu=as kusu	思って
36	"ononno !⁽²⁾	「ばんざーい！
37	ononno !" ari	ばんざーい！」と
38	hotuypa=as kor,	叫びながら
39	sumatumu cascas,	石の中ちゃらちゃら
40	towa towa to	トワトワト
41	nitumu cascas	木片の中ちゃらちゃら
42	towa towa to	トワトワト
43	paye=as ayne	行って行って
44	hankeno paye=as	近くへ行って
45	inkar=as awa	見ましたら
46	senne ka suy	ちっとも
47	inkar=as kuni	思いがけ
48	ci=ramu a hi	なかったのに
49	humpe yan ruwe	鯨が上ったの
50	ne kuni patek	だとばかり
51	ci=ramu a p	思ったのは

⁽²⁾ononno. これは海に山に猟に出た人が何か獲物を持って帰って来た時にそれを迎える人が口々に言う言葉です。

24 emus 刀剣。ruyke とぐ。p 者。

25 armoysama（そこ）の浜（所属形）。

26 [ko（は）kun：kur（影。黒）natara（状態の継続を表す）]

29 {hetak さあ。ta 強意。usa 強意。} 早く。

30 too ずっと遠くに。an ある。hi ところ。

31 [ci=（私が）ko（に）sirepa（着く）]

32 ponno 少し。póka（せめて）〜だけでも。

33 [ci=（私が）ahup（入る）kar（自動詞を他動詞にする接尾辞）]=〜（仲間）に入る。=（分け前）をもらう。

34 okay 強い願望を表す終助詞。ari 〜と。

35 [yaynu（思う）=as（私が）] kusu ので。

36 ononno オノンノ 歓呼の声。

38 [hotuypa（叫ぶ）=as（私が）] kor 〜しながら。

43 [paye（行く）=as（私が）] ayne 〜してとうとう。

44 [hanke（近く）no（副詞形成）]

46 [ser（部分）ne（である）ka（も）suy（また）] 少しも〜しない。48行目までかかって、それを否定する。

47 [inkar（見る）=as（私が）] kuni 〜と。

48 [ci=（私が）ramu（と思う）] a [完了]〜た。hi こと。

49 humpe 鯨。yan 岸に上がる。ruwe 〜の。

50 ne である。kuni 〜と。patek 〜ばかり。

語順による言語分類①

　1960年代から始まった世界の言語の新しい類型論は、語順による分類法である。主語を S（subject）、目的語を O（object）、述語動詞を V（verb）で表すと、語順のタイプは次の 6 つに限られる。

　SOV　SVO　VSO　VOS　OVS　OSV

—69—

第2話　狐が自ら歌った謡「トワトワト」

52	armoysam ta	浜辺に
53	seta utar	犬どもの
54	osoma hi an wa	便所があって
55	poro si nupuri	大きな糞の山が
56	cisireanu,	あります
57	ne wa an pe	それを
58	humpe ne kuni	鯨だと
59	ci=ramu ruwe	私は思ったの
60	ne rok okay.	でありました。
61	aynupito utar	人間たちが
62	iso erimse	海幸をば喜で躍り
63	iso etapkar	海幸をば喜で舞い
64	usa ica	肉を切ったり
65	usa irura	はこんだり
66	ki siri ne kuni	しているのだと
67	ci=ramu rok pe	私が思ったのは
68	si paskur utar	からすどもが
69	si tokpa (tokpa)	糞をつっつき
70	si caricari	糞を散らし散らし
71	tonta terke	其方へ飛び
72	téta terke	此方へ飛び
73	sirine awokay.	しているのでした。
74	iruska kewtum	私は腹が
75	ci=yaykore.	立ちました。
76	"toysikimanaus	「眼の曇ったつまらない奴
77	towa towa to	トワトワト
78	wensikimanaus	眼の曇った悪い奴
79	towa towa to	トワトワト
80	sarpoki húraot	尻尾の下の臭い奴
81	towa towa to	トワトワト
82	sarpoki munin	尻尾の下の腐った奴

—70—

53 seta 犬。utar 〜たち。

54 osoma 大便する。hi 所。an ある。wa 〜て。

55 poro 大きな。si 糞。nupuri 山。

56 [ci(自らを)sir(地)e(に)anu(に置く)][中相表現] 置かれている。ある。存在している。

57 ne である。wa 〜て。an ある。pe もの。

58 [hum(フーッと吹き上げる息をする)pe(もの)] 鯨。

59 [ci=(私が)ramu(〜と思う)] ruwe 〜の。〜こと。

60 ne である。rok-okay (気がつくと)〜たのだった。

64〜65 対句。usa 〜 usa 〜〜やら、〜やら。
[i(もの)ca(を切り取る)] [i(もの)rúra(を運ぶ)]

66 ki をする。siri のようす。ne である。kuni と。

67 [ci=(私が)ramu(と思う)] rok[完了]〜た。pe こと。

68 si 大きい。paskur カラス。utar たち。

69 si ふん。tokpa 〜をつつく。tokpa をもう一度くり返すべきを落としたと思われる。幸恵ノートではそうなっている。たぶん校正ミスであろう。

70 si ふん。cari 〜を散らす。

71 tonta そちらに。terke ぴょんと跳ぶ。

72 téta こちらに。

73 [siri(〜のようす)ne(である)] [a(完了:〜した)w(挿入音)okay(ある)]=rok okay と同じ。〜だった。

74 iruska 腹を立てる。kewtum 心。気持ち。

75 [ci=(私が)yay(自身に)kor(を持つ)e(〜させる)]= 自身に腹立たしい気持ちを持たせる。「〜させる」は re であるが、kor の r と重複するので r が脱落。

76 [toy(ひどい)siki(その眼)mana(埃)us(〜に〜がつく)]

—71—

第2話　狐が自ら歌った謡「トワトワト」

83	towa towa to	トワトワト
84	ointenu	お尻からやにの出る奴
85	towa towa to	トワトワト
86	otaypenu	お尻から汚い水の出る奴
87	towa towa to	トワトワト
88	inkar hetap	何という
89	nep tap téta	物の見方を
90	ki humi okay."	したのだろう。」
91	orowano suy	それからまた
92	sumatumu cascas,	石の中ちゃらちゃら
93	towa towa to	トワトワト
94	nitumu cascas,	木片の中ちゃらちゃら
95	towa towa to	トワトワト
96	rutteksam péka	海のそばから
97	hoyupu=as kor	走りながら
98	inkar=as awa	見たところが
99	un=etok ta	私の行手に
100	cip an kane	舟があっ
101	síran ki ko	て
102	cip oske ta	其の舟の中で
103	aynu tunpis	人間が二人
104	uniwente[3]	互いにお悔みをのべて
105	kor okay,	います。

---

[3] uniwente…大水害のあと、火災のあと、火山の破裂のあと、その他種々な天災のあったあとなどに、または人が熊に喰われたり、海や川に落ちたり、その他何によらず変った事で負傷したり、死んだりした場合に行う儀式の事。其の時は槍や刀のさきを互いに突き合せながらお悔みの言葉を交します。一つの村に罹災者が出来ると、近所の村々から沢山の代表者がその村に集ってその儀式を行いますが、一人と一人でも致します。

—72—

78 [wen（悪い）siki（その眼）mana（埃）us（〜に〜がつく）]
 76〜86　自分の曇り眼に対する罵詈雑言。

80 [sar（尻尾）poki（の下）]　[húra（におい）ot（しみ出る）]

82 munin くさる。

84 [o（尻）inte（やに）nu（〜がある）]

86 taype 汚水。76と78、80と82、84と86、対句。

88 inkar 見る。hetap 間投詞。

89 nep 何。tap これ：強めの助詞。[te（ここ）ta（〜に）]

90 ki 〜をする。humi 〜した感じ。okay ある。
 humi okay で「〜のようだ。〜したのかなあ。」

96 [rur（海水）teksam（〜の横）] 海の側。péka 〜を。
 二つ目の見まちがいが始まる。

97 [hoyupu（走る）=as（私が）]　kor 〜しながら。

99 [un（私の）etok（〜の先）]　ta 〜に。

100 cip 舟。an ある。kane 〜して。

101 síran 様子である。ki は虚辞。ko 〜すると。

102 cip 舟。oske 〜の中。ta 〜で。

103 aynu 人間。[tun（二人）pis（数えるときの助数詞]

104 [u（互いに）niwen（威嚇する）te（させる）] 脚注参照。

105 kor 〜しつつ。okay ある。

106 usayne いろいろ。tap これ。suy また。
 人の言葉を受け取って意外の心を表す答えの言葉。

語順による言語分類②

　SOV 型 最も言語数が多いのがこのタイプで、日本語や
アイヌ語もこれに含まれるが、世界の言語の約半数がこの
語順をもっていると考えられている。朝鮮語、ヒンディー
語、タミル語、モンゴル語、トルコ語、ケチュア語など。

—73—

第2話　狐が自ら歌った謡「トワトワト」

106	"usayne tap suy	「おや、
107	nep a=ehomatup	何の急変が
108	an wa tapne	あるので
109	sirki ki ya,	ああいう事をしているのだろう、
110	senne nepeka	もしや
111	cip kohokus	舟と一しょに引繰かえった
112	utar hene	人でも
113	okay ruwe he an ?	あるのではないかしら、
114	hetak ta usa	おお早く
115	nohankeno	ずっと近くへ
116	paye=as wa	行って
117	aynu oruspe	人の話を
118	ci=nu okay."	聞きたいものだ。」
119	yaynu=as kusu	と思うので
120	tapan hokokse(4)	フオホホーイと
121	ci=riknapuni	高く叫んで、
122	sumatumu cascas,	石の中ちゃらちゃら
123	towa towa to	トワトワト
124	nitumu cascas,	木片の中ちゃらちゃら
125	towa towa to	トワトワト
126	terke=as kane	飛ぶようにして
127	paye=as wa	行って
128	inkar=as awa	見たら
129	cip ne kuni	舟だと
130	ci=ramu a p	思ったのは
131	atuy teksam ta an	浜辺にある
132	sirar ne wa,	岩であって
133	aynu ne kuni	人だと

(4)hokokse…uniwente の時、また大へんな変り事が出来た時に神様に救いを求める時の男の叫び声。フオホホーイと、これは男に限ります。

107 nep 何。[a（人が）ehomatu（〜に驚く）p（もの）] 急変。

108 an ある。wa 〜て。tapne このように。

109 sirki 〜をする様子が見える。ki 虚辞。ya 〜か。

110 senne nepeka もしか何か。

111 cip 舟。[ko（とともに）hokus（倒れる）]

112 utar 人たち。仲間。hene でも。

113 okay ある。ruwe こと。he 疑問の助詞。an ある。

114 {hetak さあ。ta usa 強め。} さあさ、早く。

115 [no（強調の接頭辞）hankeno（近くに）]

116 [paye（行く）=as（私が）]　wa 〜して。

117 aynu 人間の。oruspe 話。

118 [ci=（私が）nu（〜を聞く）]　okay 強い願望を表す。

119 [yaynu（思う）=as（私が）]　kusu 〜ので。

120 tapan 非常の。hokokse 危急のときの叫び声。

121 [ci=（私が）rik（高い所）na（の方へ）puni（〜を上げる）]

131 atuy 海。teksam の側。ta 〜に。an ある。

132 sirar 岩。ne である。wa 〜て。

語順による言語分類③

SVO 型　SOV 型に次いで数が多く、世界の言語の４割くらいがこのタイプ。英語、フランス語、スペイン語、中国語、フィンランド語、スウェーデン語など。

VSO 型　３番目に多いのがこのタイプで、世界の言語の1割程度と考えられている。アラビア語、ヘブライ語、アイルランド語、タガログ語など。

　VOS 型はトンガ語など、**OVS 型**はヒシカリヤナ語などブラジル北部の言語、**OSV 型**はまだみつかっていない。

—75—

第2話　狐が自ら歌った謡「トワトワト」

134	ci=ramu a p	思ったのは
135	tu poro urir	二羽の大きな鵜
136	ne awokay.	であったのでした。
137	tu poro urir	二羽の大きな鵜が
138	tanne rekuci	長い首を
139	turpa yonpa,	のばしたり縮めたり
140	ikici siri	しているのを
141	uniwente an	悔みを言い合っている
142	siri ne pekor	様に
143	ci=nukan ruwe	私は見たの
144	ne awokay.	でありました。
145	"toysikimanaus,	「眼の曇ったつまらない奴
146	towa towa to	トワトワト
147	wensikimanaus,	眼の曇った悪い奴
148	towa towa to	トワトワト
149	sarpoki húraot,	尻尾の下の臭い奴
150	towa towa to	トワトワト
151	sarpoki munin,	尻尾の下の腐った奴
152	towa towa to	トワトワト
153	ointenu,	お尻からやにの出る奴
154	towa towa to	トワトワト
155	otaypenu,	お尻から汚い水の出る奴
156	towa towa to	トワトワト
157	inkar hetap	何という
158	neptap téta	物の見方を
159	ki humi okay."	したのだろう。」
160	orowano suy	それからまた
161	sumatumu cascas,	石の中ちゃらちゃら
162	towa towa to	トワトワト
163	nitumu cascas,	木片の中ちゃらちゃら
164	towa towa to	トワトワト

134 [ci=（私が）ramu（思う）] a 完了。〜た。p もの。

135 tu 二つの。poro 大きな。urir 鵜。

136 [a（完了：〜た）w（挿入音）okay（ある）] 〜したのだった。

138 tanne 長い。rekuci 首。

139 turpa を伸ばす。yonpa を縮める。

140 [iki（をする）ci（複数語尾）] 物ごとをする。siri の様子。

142 siri の様子。ne である。pekor 〜かのように。

160 **三つ目の見まちがいが始まる。**

古典的類型論　1960年代以前の類型論で、言語における形態（文法形式）に着目して分類したもの。

膠着語　単語に実質的意義を有し独立性をもつものと、独立性のない付属的なものとの二種類があって、付属的な助動詞や助詞、接辞などを前者の前後に付けていくタイプ。語幹に接辞が膠でくっつけたようにつながることからの名称。日本語もこのタイプ。アルタイ語族、南島語族など。

屈折語　独立性のある単語自身が語形変化することのよって文法上の関係を表すもので、単語の途中から屈折するように変化することからの名称。ラテン語から始る現在の欧米語のインド・ヨーロッパ語族がこれにあたる。

孤立語　単語に語形変化がなく、各語は孤立しているように見え、文法形式は語順によって表す。古典中国語がその典型。インドシナ語族に多い。

　当初は上の三つが提唱されたが、のちにアイヌ語やチュクチ語のように動詞の語幹に接辞や名詞、副詞などを付加させて、あたかも動詞一つが文のような機能をもつ複合語を形成する特徴をもつ言語を**抱合語**として加えるようになった。

第2話　狐が自ら歌った謡「トワトワト」

165 terke=as kane	飛ぶようにして
166 pet turasi	川をのぼって
167 paye=as awa,	行きましたところが
168 toop péna ta	ずーっと川中に
169 menoko tunpis	女が二人
170 utka otta	浅瀬に
171 roski kane	立っていて
172 uciskar kor okay.	泣き合っています。
173 ci=nukar¹ ciki	私はそれを見て
174 ci=ehomatu,	ビックリして
175 "usayne tap suy	「おや、
176 nep wenpe an,	何の悪い事があって
177 nep asur ek⁽⁵⁾ wa ta	何の凶報が来て
178 uciskar an⁽⁶⁾ siri	あんなに泣き合って
179 okay pe ne ya ?	いるのだろう、
180 hetak ta usa	ああ早く
181 sirepa=as wa	着いて
182 aynu oruspe	人の話を
183 ci=nu okay"	聞きたいものだ。」

⁽⁵⁾asur は変った話、ek は来る。…村から遠い所に旅に出た人が病気したとか死んだとかした時にその所からその人の故郷へ使者がその変事を知らせに来るとか、外の村で誰々が死にましたとか、何々の変った事がありましたとかと村へ人が知らせに来る事を云います。その使者を asurkorkur（変った話を持つ人）と云います。asurkorkur は村の近くへ来た時に先ず大声をあげて hokokse（フオホホーイ）をします。すると、それをききつけた村人は、やはり大声で叫びながら村はずれまで出迎えてその変り事をききます。

⁽⁶⁾uciskar…泣き合う。これは女の挨拶、長く別れていて久しぶりで会った時、近親の者が死んだ時、誰かが何か大変な危険にあって、やっと免れた時などに、女どうしで手を取合ったり、頭や肩を抱き合ったりして泣く事。

—78—

165 [terke(飛ぶ)=as(私が)] kane 〜して。

166 pet 川。turasi 〜に沿って上方に。

168 toop ずっと。[pe(水：川)na(の方)] ta 〜に。

169 menoko 女。tunpis 二人。

170 utka 浅瀬。[or(ところ)ta(〜に)]

171 roski 立つ。kane 〜して。

172 [u(互いに)cis(泣く)kar(をする)] 脚注(6)参照。
kor okay しつつある。

174 [ci=(私が)ehomatu(〜に驚く)]

176 nep 何。[wen(悪い)pe(こと)] an ある。

177 asur 知らせ。ek 来る。脚注(5)参照。
wa 〜して。ta 強め。

179 okay ある。pe こと。ne である。ya 〜か。

181 [sirepa(着く)=as(私が)] wa 〜して。

アイヌ語の語法① 語順①　前述のように世界の言語分類では、SOV 型で基本的に日本語と同じであるが、まず
　　主語──述語(自動詞)の関係の実例をあげると、
　　pon-menoko mína.　娘が笑う。mína (自動詞)笑う。
で、特徴は「〜が」にあたる助詞(主格を表す格助詞)がないこと。アイヌ語どおり訳せば、「娘笑う」である。日本語の助詞も古い時代には後世ほどはなく、万葉集の枕詞にも「あをによし」や「そらみつ」などには助詞に当るものが含まれていない。あっても種類は少なく、次第に発達して増えたと考えられる。格助詞がなくても自動詞の前にある名詞は主語を表すことが自明の理になっているといえる。
　　修飾語─被修飾語の関係も前後関係で決まる。

第2話　狐が自ら歌った謡「トワトワト」

184	yaynu=as kusu,	と思って
185	sumatumu cascs,	石の中ちゃらちゃら
186	towa towa to	トワトワト
187	nitumu cascas,	木片の中ちゃらちゃら
188	towa towa to	トワトワト
189	terke=as kane	飛ぶようにして
190	pay=as wa	行って
191	inkar=as awa	見たら
192	pet hontom ta	川の中程に
193	tu uray ni	二つの梁が
194	roski kanan ko,	あって
195	tu uray ikuspe	二つの梁の杭が
196	ciwkururu ko,	流れにあたってグラグラ動いているのを
197	tu menoko	二人の女が
198	ukohepoki	うつむいたり
199	ukohetari kane	仰むいたりして
200	uciskar siri	泣き合っているの
201	ne kuni	だと
202	ci=ramu ruwe	私は思ったの
203	ne awokay,	でありました。
204	"toysikimanaus,	眼の曇ったつまらない奴
205	towa towa to	トワトワト
206	wensikimanaus,	眼の曇った悪い奴
207	towa towa to	トワトワト
208	sarpoki húraot,	尻尾の下の臭い奴
209	towa towa to	トワトワト
210	sarpoki munin,	尻尾の下の腐った奴
211	towa towa to	トワトワト
212	ointenu,	お尻からやにの出る奴
213	towa towa to	トワトワト

—80—

184 [yaynu(思う)=as(私が)]　kusu 〜ので。

192 pet 川。hontom 中ほど。ta 〜に。

193 tu 二つの。uray 梁。ni 木。

194 roski 立つ。kanan=kane an　kane 〜したままで。
　　　an ある。ko 〜て。

195 ikuspe 柱。

196 [ciw(水流)kururu(くるくるまわる)]

198 [uko(ともに)hepoki(頭をさげる)]

199 [uko(ともに)hetari(頭をあげる)]　kane 〜しながら。

アイヌ語の語法②　語順②　さて、SOV 型の実例は

　ponmenoko hekaci nukar.　娘が少年を見る。

　(hekaci 少年。nukar [他動詞] 〜を見る。)

これも「少年を」の「を」に当る格助詞(目的格を表す助詞)
がない。アイヌ語では自動詞と他動詞を峻別するので、他
動詞は直前の語を目的語として取る。だから上の例が、「少
年が娘を見る」とは普通はならない。

　また inkar [自動詞] が「見る」「目をやる」の意に対し、
nukar は「〜を見る」と訳すゆえんである。

　SOV と似た形で、

　tan hekaci akihi ne.　この少年は彼女の弟である。

　　[tan この。akihi 〜の弟。ne 〜である。]

の場合がある。これは、他動詞型の「デアル動詞」ne が、
akihi という補語をとった例である。

　akihi(〜の弟)は、ak(概念形)の所属形長形(短形は aki)
であり、「だれの」は人称接辞がないので 3 人称を表し、「彼
の」「彼女の」「あの人の」のどれでもよい。

—81—

第2話　狐が自ら歌った謡「トワトワト」

214	otaypenu,	お尻から汚い水の出る奴
215	towa towa to	トワトワト
216	inkar hetap	何という
217	neptap téta	物の見方を
218	ki humi okay."	したのだろう。」
219	orowano suy	それからまた、
220	pet turasi	川をのぼって
221	sumatumu cascas,	石の中ちゃらちゃら
222	towa towa to	トワトワト
223	nitumu cascas,	木片の中ちゃらちゃら
224	towa towa to	トワトワト
225	terke=as kane	飛ぶようにして
226	hosippa=as wa	帰って
227	arki=as.	来ました。
228	sietok un	自分の行手を
229	inkar=as awa,	見ましたところが
230	nékon ne siri	どうした
231	ne nankora,	のだか
232	ci=uncisehe	私の家が
233	nuy kohopuni	燃えあがって
234	kamuy nis ka ta	大空へ
235	rikin supuya	立ちのぼる煙は
236	kuttek nis ne,	立ちこめた雲の様です。
237	ci=nukar ' ciki	それを見た私は
238	homatpa=as	ビックリして
239	yaynuturaynu=as pakno	気を失うほど
240	homatpa=as,	驚きました。

—82—

226　[hosippa（帰る）=as（私が）]　wa 〜して。

227　[arki（来る）=as（私が）]

228　[si（自分）etok（の先）]　un 〜へ。
　　　四つ目の見まちがいが始まる。

229　[inkar（見る）=as（私が）]　awa 〜したところ。

230　nékon どのように。ne である。siri 〜のようす。

231　ne である。[nankor（〜だろう）ya（〜か）] の縮約形。

232　[ci（私）un（の）cisehe（その家）]

233　nuy 炎。[ko（とともに）hopuni（あがる）]

234　kamuy 天。nis 雲。ka 〜上。ta 〜に。

235　rikin のぼる。supuya 煙。

236　kut-tek < kur-tek くろぐろとした。nis 雲。

238　[homatpa（びっくりする）=as（私が）]

239　[yaynuturaynu（気を失う）=as（私が）]　pakno ほど。

240　[homatpa（驚く）=as（私が）]

アイヌ語の語法③ 語順③　主語―副詞―述語　の形。
　　　tan hekaci tunasno hoyupu.　この少年は早く走る。
　　　　　{tan この。tunasno 早く。hoyupu 走る。}
tunasno は副詞で、hoyupu を修飾する。

否定語・禁止語　アイヌ語の語順で日本語と違う点がある。
それは否定語や禁止語が述語の前にくること。
　　　toan hekaci somo huyupu.　あの少年は走らない。
　　　　　{toan あの。somo 〜しない。}
　　　iteki cis.　泣くな。　　{iteki 〜するな。cis 泣く。}

—83—

第2話　狐が自ら歌った謡「トワトワト」

241	matrimimse[7]	女の声で
242	ci=riknapuni	叫びながら
243	terke=as awa	飛上りますと、
244	un=etunankar	むこうから
245	hemanta an pe	誰かが
246	ta ruy pewtanke[8]	大きな声でホーイと
247	riknapuni	叫びながら
248	un=teksam ta	私のそばへ
249	citursere,	飛んで来ました。
250	inkar=as awa	見るとそれは
251	ci=macihi	私の妻で
252	homatu ipor	ビックリした
253	eun kane	顔色で
254	hése hawe	息
255	taknatara:	せききって
256	"ci=kor ^{n} nispa	「旦那様
257	nékon ne hawe tan ?"	何うしたのですか？」と
258	háwas ciki	云うので、
259	inkar=as awa	見ると
260	ney ta tapne	
261	cise uhuy	火事
262	an pokor	の様に
263	inkar=as awa	見えたのに
264	ci=uncisehe	私の家は

---

[7] matrimimse（女の叫び声）…何か急変の場合または uniwente の場合、男は hokokse（フオホホーイ）と太い声を出しますが、女はほそくホーイと叫びます。女の声は男の声よりも高く強くひびくので神々の耳にも先にはいると云います。それで急な変事が起った時には、男でも女の様にほそい声を出して、二声三声叫びます。

[8] pewtanke…rimimse と同じ意ですが、これは普通よく用いられる言葉で、rimimse の方は少し難しい言葉になっています。

—84—

242 [ci=(私が)rik(高いところ)na(の方)puni(を上げる)]

243 [terke(飛ぶ)=as(私が)]　awa 〜したところ。

244 [un(私に)etunankar(〜に向かう。〜に出会う)]

245 hemanta 何。an ある。pe もの。

246 ta 強め。ruy 激しい。pewtanke 危急の声。

248 [un(私の)teksam(〜のそば)]　ta 〜に。

249 [ci(自ら)turse(落ちる)re(させる)]= 落ちる。飛んで
　　　くること。中相形。

252 homatu びっくりする。ipor 顔色。

253 [e(そこに)un(〜が〜にある)]　kane 〜して。

254 hese 息をする。hawe その声。

255 taknatara 短くぱっぱっと続くようす。

256 [ci=(私の)kor(持つ)]　nispa だんな様。

257 nékon どのように。ne である。hawe こと。
　　　tan < ｛ta 感嘆的な強め。an ある。｝

258 [haw(声)as(立つ)](という)声がする。ciki 〜ので。

260 ney ta どこで / か。tapne このように。
　　　この行、幸恵の訳がない。

261 cise 家。uhuy 燃える。

262 an ある。pokor 〜かのように。

アイヌ語の語法④　日本語とアイヌ語の副助詞①

　日本語「娘が少年を見る」の「が」は主格を表す格助詞
であるが「あの少年は走らない」の「は」という助詞は格
助詞ではなく副助詞である。副助詞は本来「ある事を他と
区別して取り出して言う」のに用いる助詞。「あの少年は」
とは「(他の少年は別として)あの少年は」と、「あの少年」
を取りたてて強くいう言い方。

—85—

第2話　狐が自ら歌った謡「トワトワト」

265	ene ani nepkor	もとのまま
266	as kane an,	たっています。
267	ape ka isam	火もなし、
268	supuya ka isam,	煙もありません。
269	oroyaciki	それは、
270	ci=macihi	私の妻が
271	iyuta ko	搗物をしていると
272	rápoke ta	その時に
273	réra ruy wa	風が強く吹いて
274	tuytuye amam	簸ている粟の
275	murihi	糠が
276	réra paru siri	吹き飛ばされるさまを
277	supuya nepkor	煙の様に
278	ci=nukan ruwe	私は見たの
279	ne rok okay.	でありました。
280	nunipe=as yakka	食物を探しに出かけても
281	aep omuken=as	食物も見付からず、
282	kasikun suy,	其の上にまた、
283	pewtanke=as wa	私が大声を上げたので
284	ci=macihi	私の妻が
285	ehomatu kusu,	それに驚いて
286	tuytuye kor an	簸ていた
287	amam ne yakka	粟をも
288	muy turano	箕と一しょに
289	eyapkir wa	放り飛ばして
290	isam kusu,	しまったので
291	tanukuran anak	今夜は
292	sayosak=as,	食べる事も出来ません
293	iruska=as kusu	私は腹立たしくて
294	ciamasotki	床の
295	sotki asam	底へ

—86—

265 {ene あのように。ani あること。} ＝もとあった姿。
    nepkor 〜のように。
266 as 立つ。kane 〜て。an いる。ある。
267 ape 火。ka 〜も。isam ない。
268 supuya 煙。ka 〜も。isam ない。
269 oroyaciki 気がついてみると。そうか。なるほど。
271 [i(もの)y(挿入音)uta(〜搗く)]　ko 〜と。
272 rápoke その間。ta 〜に。
273 réra 風。ruy 激しい。wa 〜して。
274 tuytuye を箕で振って籾殻を飛ばす。amam 穀物。
275 murihi 〜の糠。
276 paru 〜をあおぐ。siri 〜のようす。
277 supuya 煙。nepkor 〜のように。
280 [nunipe(食べ物を探す)=as(私が)]　yakka 〜しても。
281 [a(人が)e(食べる)p(もの)]　omuken とれない。
282 kasikun あまつさえ。そのうえ。suy また。
286 tuytuye 籤る(箕でふるう)。kor an 〜しつつある。
287 amam 穀物。粟。ne yakka 〜もまた。
288 muy 箕。turano 〜といっしょに。
289 eyapkir 〜を投げる。wa 〜て。
290 isam (〜して)しまった。kusu 〜ので。
291 [tan(この)ukuran(夜)]　anak 〜は。
292 [sayo(おかゆ)sak(〜を欠く)=as(私が)]
293 [iruska(怒る)=as(私が)]　kusu 〜ので。
294 [ci(られる))ama(置く)sotki(寝床)] 据え付けられた
    寝台。
295 sotki 寝床。asam 底。

—87—

第2話　狐が自ら歌った謡「トワトワト」

296	ci=koyayosura.	身を投げて寝てしまいました。
297	"toysikimanaus,	眼の曇ったつまらない奴
298	towa towa to	トワトワト
299	wensikimanaus,	眼の曇った悪い奴
300	towa towa to	トワトワト
301	sarpoki húraot,	尻尾の下の臭い奴
302	towa towa to	トワトワト
303	sarpoki munin,	尻尾の下の腐った奴
304	towa towa to	トワトワト
305	ointenu,	お尻からやにの出る奴
306	towa towa to	トワトワト
307	otaypenu,	お尻から汚い水の出る奴
308	towa towa to	トワトワト
309	inkar hetap	何という
310	neptap téta	物の見方を
311	ki humi okay."	したのだろう。」
312	ari cironnup tono yayeyukar.	と 狐の頭が物語りました。

アイヌ語の語法⑤　日本語とアイヌ語の副助詞②

　「あの少年は走らない」の「は」は格助詞ではなく副助詞だが、われわれは格助詞の意識で使っている場合が多い。それは副助詞「は」がついたものが主語になることが多いために、主語を示す格助詞のように使われだした経緯がある。つまり格助詞の代用的用法が生まれてしまったのである。しかし「さびしくはない」とか「ころんでもただは起きない」などのように、主語や名詞以外にもつくので、やはり格助詞とは違う。なぜ副助詞というかといえば、副詞のように述語を修飾するはたらきがあるからである。

296　[ci=（私が）ko（〜に）yay（自分）osura（〜を投げ出す）]

312　ari 〜と。cironnup きつね。tono かしら。神。
　　　[yay（自分）e（のことを）yúkar（謡う。物語る）]

アイヌ語の語法⑥　日本語とアイヌ語の副助詞③

　さて、日本語の「は」にあたるアイヌ語の副助詞に
　　　　anakne または anak
という語がある。だから
　　　　toan hekaci anakne somo hoyupu. あの少年は走らない。
という表現も可能である。つまり前述したように、toan
hekaci（あの少年）を取りたてて強調した言い方である。

　『アイヌ神謡集』で知里幸恵は、この anakne の使い方を
厳密に行なっており、本来の使い方をしている。『アイヌ
神謡集』の使用例を調べてみると、全編で主語・述語の関
係が総計248例見出されるが、そこには当然助詞がないの
に、「〜が」の意味で主語が示されている。それに対して、
anakne が使われているのは、「tane anakne（今は）」の形だ
けで、全部で13例しかない。

　本書、第１話では、240行目、600行目、608行目の tane
anakne（今はもう）の３例だけである。第２話には使われて
いない。

　『アイヌ神謡集』で anak が使われているのは、「te' eta
anak（昔は）」や「orowano anak（これからは）」など21例が
あるだけ。第１話では236行目「te' eta anak（昔は）」、249行
目「tánto anak（今日は）」、254行目「nisatta anak（明日は）」、
536行目「téwano anak（これからは）」、546行目「ciokay
anak（私は）」の５例だけ。第２話は291行目「tanukuran
anak（今夜は）」だけ。幸恵は以上のように副助詞本来の使
用法に徹している。

第3話　狐が自ら歌った謡「ハイクンテレケ ハイコシテムトリ」

3　Cironnup yayeyukar

"Haykunterke haykositemturi"

1	mosir esani	国の岬
2	kamuy esani	神の岬
3	tapkasike	の上
4	ci=ehorari	に私は坐して
5	okay=as.	居りました。
6	sinean to ta	或日に
7	soy ta soyne=as	外へ出て
8	inkar=as awa,	見ますと
9	pirka neto	海は凪ぎて
10	neto kurkasi	ひろびろと
11	tesnatara,	していて、
12	atuy so ka ta	海の上に
13	Okikirmuy	オキキリムイと
14	Supunramka	シュプンラムカと
15	Samayunkur	サマユンクルが
16	repa kusu	海猟に
17	resous wa	三人乗りで
18	paye kor okay.	出かけています、
19	sirki ciki	それを見た私は
20	ci=kor wenpuri	私の持ってる悪い心が
21	un=kosankosan.	むらむらと出て来ました。
22	tapan esannot	此の岬
23	mosiresani	国の岬
24	kamuyesani	神の岬
25	tapkasike	の上を
26	too heperay	ずーっと上へ
27	too hepasi	ずーっと下へ
28	kosne terke	軽い足取りで

—90—

第3話　狐が自ら歌った謡
「ハイクンテレケ ハイコシテムトリ」

1　mosir 国。[e(その頭)san(浜へ出ている)i(所)]= 岬。

2　kamuy 神。esani 岬。上の句と対句。

3　[tap(これ)kasi(の上)ke(のところ)]

4　[ci=(私が)e(そこで)horari(神やえらい人が住む)]

5　[okay(いる)=as(私が)]

7　soy 外。ta 〜に。[soyne(外へ出る)=as(私が)]

9　pirka よい。neto 凪。

10　kurkasi 〜の上。

11　[tes(遠くまで続いているようす)natara(継続を表す接
　　尾辞)]

12　atuy 海。so 平らで広がりのある場所。ka の上。
　　ta 〜に。

13〜15　3人について、第3話の最後に幸恵の注がある。

16　repa 沖へ漁に出る。kusu 〜のために。

17　[re(三つの)so(座席)us(〜がつく)]= 3 人乗りの舟。

18　paye 行く。kor 〜しつつ。okay ある。

19　sirki 〜の様子が見える。ciki 〜したところ。

20　[ci=(私が)kor(持つ)]　[wen(悪い)puri(くせ)]

21　[un=(私に)ko(〜が)san(出る)kosan(繰り返し)]
　　ko が指すのは上の句の wen puri。

22　tapan この。not 顎の意だが、突き出た岬のこと。

26　to' o ずーっと。[he(頭)pe(川上)raye(〜へやる)]
　　川上へ向かうこと。

27　[he(頭)pa(川下)asi(に立つ)] 川下へ向かうこと。

28　kosne 軽い。terke 跳躍。

—91—

第3話　狐が自ら歌った謡「ハイクンテレケ ハイコシテムトリ」

29	ci=koikkewkan	腰やわらかに
30	matunitara	かけ出しました。
31	nitne pawse[1]	重い調子で
32	pawse nitkan	木片をポキリポキリと折る様に
33	ci=kekkekekke	パーウ、パウと叫び
34	tapan petetok	此の川の水源を
35	ci=nukannukar	にらみにらみ
36	sirwen nitnei	暴風の魔を
37	ci=hotuyekar,	呼びました。
38	ney koraci	すると、それにつれて
39	tapan petpo	此の川の
40	petetok wano	水源から
41	yupke réra	烈しい風
42	supne réra	つむじ風が
43	cisanasanke	吹出して
44	atuy ka osma	海にはいると
45	hontomo ta	直ぐに
46	tapan atuy	此の海は、
47	kanna atuy	上の海が
48	cipoknare	下になり
49	pokna atuy	下の海が
50	cikannare.	上になりました。
51	Okikirmuy	オキキリムイ
52	utar orke	たち
53	kon repa cip	の漁舟は
54	repunkur atuy	沖の人の海と、
55	yaunkur atuy	陸の人の海との
56	uweus hi ta	出会ったところ(海の中程)に、

---

[1] pau. 狐の鳴声の擬声詞。

29 [ci=(私が)ko(とともに)ikkew(腰)kan(上方に)]

30 [matun(高く張り上げる)itara(状態の継続を表す)]

28〜30 腰を高く上げながら跳ねてまわるようす。

31 nitne 硬い。[paw(狐の鳴き声)se(と鳴く)]

32 nitkan 声のはげしいもの。

33 [ci=(私が)kekke(擬声：パウ)kekke(くりかえし)]
    kekke(折る){金田一『虎杖丸』}

34 tapan この。[pet(川)etok(水源)]

35 [ci=(私が)nukar(〜を見る)nukar(くりかえし)]

36 sirwen 天気が悪い。[nitne(悪い。狂暴な)i(もの)]

37 [ci=(私が)hotuye(呼び声をあげる)kar(〜をする)]

38 [ne(その)hi(こと)] koraci 〜といっしょに。

39 tapan この。[pet(川)po(指小辞)]

40 wano 〜から。

41-2 yupke 激しい。réra 風。supne 巻く。

43 [ci(自ら)sa(前)na(の方へ)sanke(〜を出す)]

44 atuy 海。ka 〜の上。osma 〜に入る。

45 hontomo 〜の途中。ta 〜で。

47 [kan(上)na(の方)]

48 [ci(自ら)pok(下)na(の方)re(〜させる)]

49 [pok(下)na(の方)]

50 [ci(自ら)kan(上)na(の方)re(〜させる)]

52 utar 〜たち。orke 雅語として、utar と同義。

53 kon=kor 音素交替。repa 沖漁をする。cip 舟。

54 [rep(沖)un(〜にいる。〜の)kur(人)]

55 [ya(陸)un(〜の)kur(人)]

56 [u(互いに)w(挿入音)e(そこで)us(〜につく)] hi 所。

第3話　狐が自ら歌った謡「ハイクンテレケ ハイコシテムトリ」

57	anisapuskap	非常な急変に会って
58	kay uturu	波の間を
59	kosikarimpa.	クルリと廻りました。
60	tapan ruyanpe	大きな浪が
61	nupuri sinne	山の様に
62	cip kurkasi	舟の上に
63	kotososatki.	かぶさり寄ります。
64	sirki ciki	すると、
65	Okikirmuy	オキキリムイ、
66	Samayunkur	サマユンクル、
67	Supunramka	シュプンラムカは
68	humse tura	声をふるって、
69	cipokonanpe	舟を
70	kohokushokus.	漕ぎました。
71	tapan pon cip	此の小さい舟は
72	komham turse	落葉の飛ぶ
73	sikopayar	様に吹飛ばされ
74	cikipo kayki	今にも
75	upsi anke	くつがえりそうに
76	sirki korka	なるけれども
77	ineapkusu	感心にも
78	aynupito utar	人間たちは
79	okirasnu wa	力強くて
80	sirki nankora	
81	tapan pon cip	此の小舟は
82	réra tum ta	風の中に
83	kanpe kurka	波の上を
84	ecararse.	すべります。
85	ci=nukat ciki	其を見ると
86	ci=kor wenpuri	私の持っている悪い心が
87	un=kosankosan.	むらむらと出て来ました。

—94—

57 anisap uska 不意に。{久保寺「辞典稿」}

58 kay 波。uturu ～の間。

59 [ko(に対して)sikarimpa(まわる)]

60 tapan この。[ruy(激しい)an(ある)pe(もの)] 嵐。

61 nupuri 山。[sir(ようす)ne(になる)] ～になって。

62 cip 舟。kurkasi ～の上。

63 [ko(～へ)tososo(散乱する)atki(自動詞化語尾)]

68 [hum(擬声)se(～という)] tura ～といっしょに。

69 [cip(舟)o(を漕ぐ)kor(～しつつ)an(ある)pe(こと)]

70 [ko(～は)hokus(たおれる)hokus(くりかえし)] 舟を
漕ぐ様子。69～70体を倒しながら舟を漕ぐさま。

72 komham 落葉。turse 落ちる。

73 [si(自分)kopa(～を～と間違える)yar(させる)]

74 cikipo-ka 危うく。ka=kayki {久保寺}

75 upsi ひっくりかえる。anke 今にも～しようとする。

76 sirki ～のようになる。korka けれども。

77 [ine(どう)ap(あるもの)kusu(故)]= どうした故か。

79 [o(その尻)kir(力)asnu(すぐれている)]= 力が強い。

80 sirki ～の様子がみえる。nankora ～だろうか。

77～80 「どうしてそんなに力が強いのだろうか」の意。

82 réra 風。tum ～の中。ta ～に。

83 [kan(上の)pe(水)]= 波。kurka ～の上。

84 [e(で)cararse(すべる)]

86 [ci=(私が)kor(持つ)] [wen(悪い)puri(性格)]

87 [un(私に)ko(～が)san(出る)kosan(くりかえし)]
ko は、上の句の wen puri を受ける。

—95—

第3話　狐が自ら歌った謡「ハイクンテレケ ハイコシテムトリ」

88	kosne terke	軽い足取で
89	ci=koikkewkan	腰やわらかに
90	matunitara,	かけまわり
91	nitne pawse	重い調子で
92	pawse nitkan	木片がポキリポキリと折れる 様に
93	ci=kekkekekke	パウ、パウと叫び
94	sirwen nitnei	暴風の魔を
95	sermaka ci=us	声援するのみに
96	ci=koarikiki.	精を出しました。
97	sirki ayne	そうしてる中に、
98	hunakpake ta	やっと、
99	Samayunkur	サマユンクルが
100	tek tuyka wa	手の上から、
101	tek tuypok wa	手の下から
102	kem cararse	血が流れて
103	sinki ekot.	疲れておれました。
104	sirki ciki	そのさまを見て
105	rawki mína	私はひそかに笑いを
106	ci=uwesuye.	浮べました。
107	orowano suy	それからまた、
108	arikiki=as	精を出して
109	kosne terke	軽い足取で
110	ci=koikkewkan	腰やわらかに
111	matunitara,	かけまわり
112	nitne pawse	重い調子で
113	pawse nitkan	木片をポキリポキリと折る様に
114	ci=kekkekekke,	叫び
115	sirwen nitnei	暴風の魔を
116	sermaka ci=us.	声援しました。

95 sermaka 〜の背後。[ci=(私が)us(〜につく)]
    sermaka us 〜を陰で守る。
96 [ci=(私が)ko(〜に対して)arikiki(力をつくす)]
97 sirki 〜のようにする。ayne 〜したあげく。
100 tek 手。tuyka 〜の上。wa 〜から。
101 tuypok 〜の下。
102 kem 血。cararse 流れくだる。
103 sinki 疲れる。ekot 〜で死ぬ。
105 rawki ひそかに。mína 笑う。
106 [ci=(私が)uwesuye(それを見て心楽しい)]
107 [arikiki(精を出す)=as(私が)]

アイヌ語の動詞①

　紙幅にすこし余裕ができましたので、ここからは文体を変えて説明をいたしましょう。

　世界の言語分類の古典的類型論のところで、日本語のような膠着語、欧米語のような屈折語、古典中国語のような孤立語のほかに、のちにアイヌ語やチュクチ語のように動詞の語幹に接辞や名詞、副詞などを付加して、あたかも動詞ひとつが文のような機能をもつ複合語を形成する特徴をもつ言語を抱合語として加えるようになったことをあげました。

　つまりアイヌ語の特殊性はどこにあるかといえば動詞にあるといえます。たとえば、本書でこれまで出てきた

　　ci=nukar

という語はこれ全体が動詞で、ci は接辞で、動詞の一部分なのです。「だれが」という人称を示す人称接辞で、＝は人称接辞をわかりやすくするための仮の記号なのです。

第3話 狐が自ら歌った謡「ハイクンテレケ ハイコシテムトリ」

117	Okikirmuy	オキキリムイと
118	Supunramka	シュプンラムカと
119	etun ne kane	二人で
120	ukoorsutke	励まし合いながら
121	tumasnu assap	勇ましく舟を
122	pekotopo	漕い
123	pekorewpa	で
124	ikici ayne	居りましたが、
125	hunakpake ta	と、ある時
126	Supunramka	シュプンラムカは
127	tek tuyka wa	手の上から
128	tek tuypok wa	手の下から
129	kem cararse	血が流れて
130	sinki ekot.	疲れてたおれてしまいました、
131	sirki ciki	それを見て
132	rawki mína	ひそかに
133	ci=uwesuye.	私は笑いました。
134	orowano suy	それからまた
135	kosne terke	軽い足取で
136	ci=koikkewkan	腰やわらかに
137	matunitara,	飛びまわり
138	nitne pawse	重い調子で
139	pawse nitkan	かたい木片をポキリポキリと折る様に
140	ci=kekkekekke	叫び
141	ci=koarikiki.	精を出しました。
142	ki p ne korka	けれども、
143	Okikirmuy	オキキリムイは
144	sinki ruwe	疲れた様子は
145	oarar isam,	少しも無い。

119　[e（で）tun（二人）]　ne である。kane 〜て。

120　[uko（ともに）or sutke（はげます）]

121　[tum（力）asnu（〜が充分ある）] 強い。力をこめてする。
　　　assap 舟のかい（櫂）。

122　[pe（水）ko（に対して）topo（をまわす）]= 水を返し。

123　[pe（水）ko（に対して）rewpa（を曲げる）]= 水を曲げ。

124　[iki（物事をする）ci（複数語尾）]　ayne 〜したあげく。

125　hunakpake ta ふと。常套句。

142　常套句。

144　sinki 疲れる。ruwe 〜こと。

145　oarar 少しも。まったく。isam ない。

アイヌ語の動詞②

　前掲の ci=nukar は、これ全体がひとつの動詞で、nukar
という語幹に ci という人称接辞が付加されているのです。
アイヌ語を学んでいる人でも nukar という動詞に ci= とい
う人称接辞がついているというように ci= は動詞以外のも
のと誤解している人が多いようです。

神謡の人称接辞　本書でこれまで出てきた人称接辞には、
ci=nukar のように、nukar（〜を見る）という他動詞の語幹に
ci= という接頭辞がつく場合と、inkar=as のように、inkar（目
をやる）という自動詞の語幹に =as という接尾辞がつく場
合がありました。つまり接辞には接頭辞と接尾辞があって、
他動詞と自動詞で使い分けるのです。

　ところで ci= および =as という人称接辞は、神謡独自の
接辞で、日常語の「私」という人称接辞と違うのです。

　そこで次に日常語の人称接辞をみてみましょう。

第3話　狐が自ら歌った謡「ハイクンテレケ ハイコシテムトリ」

146	ear kaparpe	一枚の薄物を
147	eitumam or	体に
148	noye kane	まとい、
149	cipokonanpe	舟を
150	kohokushokus,	漕いでいます、
151	iki ayneno	そのうちに
152	tek tuypok ta	手の下で
153	kor kanci	其の持っていた楫が
154	cioarkaye.	折れてしまいました。
155	sirki ciki,	すると、
156	sinki ekot	疲れ死んだ
157	Samayunkur	サマユンクルに
158	kotetterke	躍りかかり
159	kor kanci	其の持っている楫を
160	esikari	もぎとって
161	sinen ne kane	たった一人で
162	cipokonanpe	舟を
163	kohokushokus,	漕ぎました。
164	ci=nukat ciki,	私はそれを見ると、
165	ci=kor wenpuri	持前の悪い心が
166	un=kosankosan,	むらむらと出て来ました。
167	nitne pawse	重い調子で
168	pawse nitkan	かたい木片をポキリポキリと折る様に
169	ci=kekkekekke,	叫び
170	kosne terke	軽い足取で
171	ci=koikkewkan	腰やわらかに
172	matunitara,	飛びまわり
173	arikiki=as	精を出して
174	sirwen nitnei	暴風の魔に
175	sermaka ci=us.	声援しました。

146　ear ひとつの。[kapar（薄い）pe（もの）]

147　[e（それで）i（人）tumam（胴）]　or ところに。

148　noye まとう。kane 〜して。

149〜150　69〜70参照。

151　[i（物事）ki（をする）]　[ayne（したあげく）no（副詞化）]

152　tek 手。tuypok 〜の下。ta 〜で。

153　kor を持つ。kanci かじ。楫。

154　[ci（自ら）oar（まったく）kaye（を折る）]= 折れる。

158　[ko（に対して）tet（< ter 跳ねる）ter（重複）ke（自動詞化
　　　語尾）]

160　esikari 〜をつかまえる。

161　sinen ひとり。ne になる。kane 〜て。

アイヌ語の動詞③ 日常語の場合①

　「私が笑う」とか「あなたが笑う」とかいう言い方の正
式の文はつぎのようになります。

　1人称 kuani ku=mina.　　　私が笑う。

　2人称 eani e=mina.　　　　あなたが笑う。

　3人称 ani mína.　　　　　　彼が（彼女が / あの人が）笑う。

これらの文の kuani や eani や ani は名詞の代名詞で、それ
ぞれの文の主語です。けれども、アイヌ語の代名詞は省略
されることが多いのです。なぜなら動詞の中に人称接辞が
あって主語の人称がわかるからです。つまり1人称の主語
も2人称の主語も ku=（私が）や e=（あなたが）があるから
わかるのです。わかるから省略します。

　3人称は mína の語幹だけで人称接辞はないのですが、
「ない」ことが3人称を表します。つまりゼロ標示です。

第3話　狐が自ら歌った謡「ハイクンテレケ ハイコシテムトリ」

176	ki ayneno	そうしているうちに
177	Samayunkur	サマユンクル
178	kor kanci nakka	の舵も
179	cioarkaye,	折れてしまいました。
180	Okikirmuy	オキキリムイは
181	Supunramka	シュプンラムカに
182	kotetterke,	躍りかかり
183	kor kanci	其の楫を
184	esikari,	とって
185	tumasnu assap	勇ましく舟を
186	pekotopo	漕ぎ
187	pekorewe,	ました。
188	kip ne korka	けれども
189	néa kanci ka	彼の楫も
190	ruyanpe kaye,	波に折られてしまいました。
191	táta otta	そこで、
192	Okikirmuy	オキキリムイは
193	cip oske ta	舟の中に
194	ciastustekka,	立ちつくして、
195	yupke réra	烈しい風
196	réra tum ta	のうちに
197	senne ka suy	まさか
198	aynupito	人間の彼が
199	un=nukar kuni	私を見つけようとは
200	ci=ramu awa	思わなかったに、
201	mosir esani	国の岬
202	kamuy esani	神の岬の
203	tapkasikun	上の、
204	ci=siknoskike	私の眼の央を
205	enitomomo,	見つめました。

—102—

178 nakka ～も。

189 néa その。kanci 楫。ka ～も。

190 ruyanpe 暴風波。kaye ～を折る。

191 [ta(ここに)ta(重複)] [or(の所)ta(で)] → otta

193 cip 舟。[os(内部)ke(のところ)] ta ～に。

194 [ci(自ら)as(立つ)tustek(ながめる)ka(他動詞化)]
呆然と立ちつくすこと。

195 yupke 激しい。réra 風。

196 réra 風。tum ～の中。ta ～に。

197～200 senne もしや。senne ka よもや～ない。
senne ka suy まさか～とは思わなかった。

200 awa ～したが。

203 [tap(この)kasi(の上)ke(所)un(～の)] の約まった形。

204 [ci=(私の)sik(目)noski(真ん中)ke(ところ)]

205 [enitomom(見つめる)o(他動詞化)]= ～を見つめる。

アイヌ語の動詞④ 日常語の場合②

　アイヌ語の人称接辞を明らかにしたのは金田一京助博士
でした。1912(明治45)年「人類学雑誌」に「アイヌ語学上
の一問題」という論文を発表しました。

　明治時代の一、二の研究者は人称接辞のことを代名詞で
あると誤解していました。かれらは「アイヌ語は代名詞を
非常に沢山繰返す言語である」と言っていました。それ
はそうです、アイヌ語は代名詞は省略するけれど人称接辞
は省略しませんから、動詞が出てくるたびに繰返すことに
なり、「奇異な語法」とも言われていました。

第3話　狐が自ら歌った謡「ハイクンテレケ　ハイコシテムトリ」

206　ipor kon ruwe	今まで
207　pirka rok pe	やさしかった顔に
208　kor wenpuri	怒りの色を
209　enan tuyka	
210　eparsere,	あらわして、
211　pustotta[2] oro	鞄を
212　oiki kane	いじっていたが
213　hemanta sanke	中から出したものを
214　inkar=as awa	見ると、
215　noya pon ku	蓬の小弓と
216　noya pon ay[3]	蓬の小矢を
217　sánasanke.	取り出しました。
218　sirki ciki	それを見て
219　rawki mína	ひそかに私は笑い
220　ci=uwesuye,	ました。
221　"aynupito	「人間なぞ
222　nep ki ko	何をしたって、
223　astoma he ki,	恐い事があるものか、
224　ene okay	あんな
225　noya pon ay	蓬の小矢は
226　nep a=ekar pe	何に使うもの
227　ta an a."	だろう。」
228　yaynu=as kane	と思って

[2] pustotta…鞄の様な形のもので、海猟に出かける時に火道具、薬類、其の他細々の必要品を入れて持ってゆくもの。同じ用途のもので piuciop, karop などがありますが、蒲、アッシ織などで作りますから、陸で使用します、pustotta は熊の皮、あざらしの皮、其の他の毛皮で製しますから水がとおらないので、海へ持って行くのです。

[3] noya ay…蓬の矢。蓬はアイヌの尊ぶ草です、蓬の矢で打たれると、浮ぶ事が出来ないから悪魔の最も恐れるものだと云うので遠出する時必要品の一つに数えられます。

206　ipor 顔色。kor → kon を持つ。ruwe 〜こと。

207　pirka よい。やさしい。rok 〜た。pe 〜のに。

208　kor 持ち前の。wen puri 悪いくせ。悪い性格。

209　[e(その)nan(顔)]　tuyka 〜の上。

210　[e(そこで)pararse(怒気がむらむらと起こる)]

211　pustotta 脚注(2)参照。oro 〜のところ。〜の中。

212　[o(そこで)iki(ものごとをする)]　kane 〜している。

213　hemanta 何か。[san(出る)ke(他動詞化語尾)]= 出す。

217　[sa(前)na(の方へ)sanke(〜を出す)]

222　nep 何。ki 〜をする。ko 〜すると。

223　astoma 恐ろしい。he 〜か。ki 〜をする。

224　ene あのように。[oka(ある)i(こと)]

226　nep 何。[a=(人が)e(それで)kar(をする)]　pe もの。

227　ta 強め。an ある。a=ya 〜か。anya → ana

228　[yaynu(思う)=as(私が)]　kane 〜して。

アイヌ語の動詞⑤　日常語の場合③

　また人称接辞が代名詞だとすると、つぎの文のような場合、目的語が主語の前にくるという不合理が生じます。

　　hekaci ku=nukar.　少年を(私)見る。………①

この文を代名詞を省略しないで表すと次のようになります。

　　kuani hekaci ku=nukar.　私が少年を(私)見る。

①の例は普通に行われる代名詞を省略した表現です。

　金田一博士は、それまで考えられていた「非常に沢山に繰返す」代名詞の不自然と、文法上の不合理から、「アイヌ語は人称接辞(personal affix)を有する言語である」という「仮定説」に到達したと前掲の論文で述べています。

—105—

第3話　狐が自ら歌った謡「ハイクンテレケ ハイコシテムトリ」

229	tapan esannot	此の岬
230	mosir esani	国の岬
231	kamuy esani	神の岬の
232	tapkasike	上を
233	too heperay	ずーっと上へ
234	too hepasi	ずーっと下へ
235	kosne terke	軽い足取で
236	ci=koikkewkan	腰やわらかに
237	matunitara,	かけまわり、
238	nitne pawse	重い調子で
239	pawse nitkan	木片をポキリポキリと折る様に
240	ci=kekkekekke,	パウ、パウと叫び
241	sirwen nitnei	暴風の魔を
242	ci=kopuntek.	ほめたたえました。
243	rápoke ta	其の中に、
244	Okikirmuy	オキキリムイの
245	eak pon ay	射放した矢が
246	ek ayne	飛んで来た
247	ci=oksutuhu	ちょうど私の襟首のところへ
248	kororkosanu.	突きささりました。
249	patek ne tek	それっきり
250	nékon ne ya	どうなったか
251	ci=eramiskare.	解らなくなってしまいました。
252	hunakpake ta	ふと
253	yaysikarun=as	気がついて
254	inkar=as awa	見ると
255	pirka sirpirka	大そう好いお天気
256	cisireanu,	で、

242 [ci=(私が)kopuntek(～のことをほめる)]

245 [e(～で)ak(射る)](矢を)射る。

246 ek 来た。ayne その結果。

247 [ci=(私の)oksutuhu(～のえり首)]

248 [ko(～に)ror(「沈む」の語幹)kosanu(急に～する)]

249 {patek ～だけ。ne である。tek ちょっと～する。}
　　常套句「それっきり」。

250 nékon どのように。ne である。ya ～か。

251 [ci=(私が)eramiskare(覚えがない)]

253 [yaysikarun(気がつく)=as(私が)]

255 pirka よい。sirpirka 好天。

256 [ci(自ら)sir(地)e(に)anu(置く)]=ある。存在している。

アイヌ語の動詞⑥　日常語の場合④

　金田一論文からいくつか文章を抜いてみましょう。

＜至る所でまず動詞の普通の形を尋ねた。例えば(中略)「打つということは何というか？」と問うた。そうするとアイヌは、それには答えずによくこう反問して来た。

　「私が打つことか？ あなたが打つことか？」後で気がついたのだがこれはアイヌに動詞を尋ねる度毎に逢着した反問であった。(中略)「打つというにも色々ある。私が打って私が言うならば ku kik だ。あなたが打って、私から言うなら e kik だ」＞

＜幌別に、カンナリ(注：知里幸恵の祖父)といって東海岸に知れ渡った老アイヌが居る。(中略)このアイヌもやはり、先の人々と同じ様な言い様をしていた。そこで二度目には試みに語を替えて「殺す」ということを何と言うかと問うてみた。少しじっとしていると思ったら、また「旦那が殺すことか？ 私が殺すことか？」とやって来た。

第3話 狐が自ら歌った謡「ハイクンテレケ ハイコシテムトリ」

257	atuy so kasi	海の上は
258	tesnatara,	広々として、
259	Okikirmuy	オキキリムイ
260	kon repa cip	の漁舟も
261	oarar isam.	何もありません。
262	nékon ne humi	何うした
263	ne nankora,	事か
264	ci=kankitaye wano	私は頭のさきから
265	ci=pokisirke pakno	足のさきまで
266	tat kararse	雁皮が燃え縮む
267	sikopayar.	様に痛みます。
268	senneka suy	まさか
269	aynupito	人間の
270	eak pon ay	射た小さい矢が
271	ene un=iyuninka kuni	こんなに私を苦しめようとは
272	ci=ramu a hi	思わなかったのに
273	orowano	それから
274	hocikacika=as,	手足をもがき苦しみ
275	tapan esannot	此の岬、
276	mosir esani	国の岬、
277	kamuy esani	神の岬
278	tapkasike	の上を、
279	too heperay	ずーっと上へ
280	too hepasi	ずーっと下へ
281	rayayayse=as kor	泣き叫びながら
282	rayyepas=as,	もがき苦しみ、
283	tókap hene	昼でも
284	kunne hene	夜でも
285	siknu=as ranke	生きたり
286	ray=as ranke	死んだり

257 atuy 海。so 原。kasi 〜の上。

264 [ci＝(私の)kankitaye(の頭の先)]　wano 〜から。

265 [ci＝(私の)pokisir(すね)ke(のところ)]　pakno まで。

266 tat 樺。カバの皮。kararse からまる。ちぢれる。

267 [si(自分)kopa(を〜とまちがえる)yar(人に〜させる]
　　まるで〜のようだ。

271 ene このように。[un(私を)iyunin(痛い)ka(他動詞化)]
　　kuni 〜と。

272 [ci＝(私が)ramu(思う)]　a 〜た(完了)。hi 〜のに。
　　268の senneka suy がこの句までかかる。

274 [hocikacika(手足をばたばたさせる)＝as(私が)]

281 [rayayayse(泣き叫ぶ)＝as(私が)]　kor 〜ながら。

282 [ray(死ぬ:強意)y(挿入音)e(そのために)pas(もがく)
　　＝as(私が)]

283-4　tókap 昼。kunne 夜。hene 〜でも。

285 [siknu(生きる)＝as(私が)]　ranke くりかえし〜する。

286 [ray(死ぬ)＝as(私が)] 前句から「生きたり死んだり」。

アイヌ語の動詞⑦　日常語の場合⑤

またかと思って、わざと平気に、「それはどうでもいい、殺すということを何と言うんだ？」と出てみたら、答は例の如く人称附きで出て来る――「それはやはり様々ある。旦那が殺した時私が言うんなら、e raige？(汝が殺したか)とこういう。私が殺して、私が言うんなら、ku raige(私殺した)とこう言う。それからまたただ raige！と言うこともあるんだ」

　ここに至って私は、この人称附説明を以て全く理由なき偶然の一致とばかり考えていることが出来なくなった。＞
　　　　　　　　　　　　　　　　　　　　　　(つづく)

第3話　狐が自ら歌った謡「ハイクンテレケ ハイコシテムトリ」

287	ki ayneno	している中に
288	nékon ne ya	何うしたか
289	ci=eramiskare.	わからなくなりました。
290	hunakpake ta	ふと
291	yaysikarun=as	気がついて
292	inkar=as awa,	見ると
293	poro situnpe	大きな黒狐の
294	asurpe utut ta	耳と耳との間に
295	okay=as kane	私は居り
296	okay=as.	ました。
297	tutko pakno	二日ほど
298	síran awa	たった時、
299	Okikirmuy	オキキリムイが
300	kamuy siri ne	神様の様な様子で
301	arki wa	やって来て、
302	sanca otta	ニコニコ
303	mína kane	笑って
304	ene itak hi:──	言うことには、
305	"iramasire	「まあ見ばのよい事、
306	mosir esani	国の岬
307	kamuy esani	神の岬
308	tapkasike	の上を
309	epunkine	見守る
310	situnpe kamuy(A)	黒狐の神様は、
311	pirka puri	善い心
312	kamuy puri	神の心を
313	kor a kusu	持っていたから
314	ray ne yakka	死にざまの

(A)狐の中で黒狐は最も尊いものだとしています。海の中に突き出ている岬は大概黒狐の所領で、黒狐はよっぽどの大へんがなければ、人に声をきかせないと申します。

—110—

293	poro 大きな。situnpe 黒狐。脚注（A）参照。	
294	[asur（うわさ）pe（もの）] 耳。人間の耳は kisar。 utur 〜の間。ta の前で utut。音素交替。	
295	[okay（いる）=as（私が）]　kane 〜して。	
297	tutko 二日。pakno ほど。	
298	síran（時が）たつ。awa 〜したが。	
301	arki 来る。wa 〜して。	
302	[san（前の）ca（口）]　otta 〜で。	
303	mína 笑う。kane 〜して。	
304	ene このように。itak 言う。hi 〜こと。	
305	[i（人を）ramasu（面白く思う）re（させる）] おもしろい。 見事だ。なんてすてきな。	
309	[e（〜で）punki（守護者）ne（である）] 〜を守る。	
314	ray 死ぬ。ne である。yakka 〜しても。	

アイヌ語の動詞⑧　日常語の場合⑥

＜ゆくりなく、この時私に彼の古代語のことが胸に浮かん
で来た。例えばラテンの言葉で言うと、同じ「愛す」とい
うことでも、Amo「私が愛す」、Amas「汝が愛す」、Amat「彼
が愛す」という風にそれぞれ変った形が定まっていて、そ
れぞれの人称に応じて各々専務に役立つ。故に茲に話の中
へ、一つ「愛す」という動詞を使おうとすると、その時の
人称によって三つの形の中のどれかにせねばならず、外の
ものを使うと誤りになる。従って一動詞を話すにまず人称
別が区別されねばならぬ。若しやアイヌの動詞も、ひょっ
としたら、そういう様に出来ているのではあるまいか？と
考えついた。

　さてそういうことは、世界に例があるかというに、決し
て珍しいことではない。　　　　　　　　　　　（つづく）

—111—

第3話　狐が自ら歌った謡「ハイクンテレケ ハイコシテムトリ」

315　katu pirkano	見ばのよい死方を
316　ki ruwe okay."	したのですね。」
317　itak kane,	言いながら
318　ci=sapaha	私の頭を
319　uyna wa,	取って
320　uncisehe ta	自分の家へ
321　ampa wa,	持って行き
322　ci=kannanotkewe	私の上顎の骨を
323　yaykota kor	自分の
324　asinru[4] ikkew ne kar	便所のどだいとし、
325　ci=poknanotkewe	私の下顎を
326　macihi kor	其の妻の
327　asinru ikkew ne kar wa,	便所の礎として、
328　ci=netopake anak	私のからだは
329　neeno	其の侭
330　toykomunin wa isam.	土と共に腐ってしまいました。
331　orowano	それから
332　kunne hene	夜でも
333　tókap hene	昼でも
334　sihurakowen=as	悪い臭気に苦しんで
335　ki ayneno	いる中に
336　toy ray wen ray	私はつまらない死方、悪い死方
337　ci=ki	をしました。
338　pasta kamuy	ただの身分の軽い神
339　ci=ne ruwe ka	でも
340　somo ne a korka,	なかったのですが

_____

[4] もとは男の便所と女の便所は別になっていました。asinru も
esoyneru も同じく便所の事。

315 katu 〜の有様。〜の格好。pirkano よく。

316 ki をする。ruwe 〜こと。okay ある。

318 [ci=(私の)sapaha(の頭)]

319 uyna 〜を取る。wa 〜して。

320 [un(自分の)cisehe(の家)] ta 〜に。

321 ampa 〜を持って運ぶ。wa 〜して。

322 [ci=(私の)kanna(上方の)notkewe(のあご)]

323 yaykota 自分で。kor 〜を持つ。

324 asinru 便所。ikkew 背骨。ne 〜に。
    kar 〜を作る。

325 macihi 彼の妻。kor 〜の。

328 [ci=(私の)netopake(からだ)] anak 〜は。

329 [ne(である)e(強調)no(副詞化辞)] そのまま。

330 [toy(土)ko(とともに)munin(くさる)] wa 〜して。
    isam ない。いなくなる。

334 [si(自分)húra(におい)ko(に対して)wen(悪い)=as(私
    が)]

336 toy ひどい。ray 死に方。wen 悪い。ray 死に方。

338 pasta 平凡な。

339 [ci=(私)ne(である)] ruwe こと。ka 〜も。

アイヌ語の動詞⑨ 日常語の場合⑦
ラテンに限らずインドヨーロッパ語族の名で総括する数多
の白人種の言語はみなそうである。そのほかヨーロッパの
一部から北アジアに亘るウラルアルタイ語族の言葉も、フ
ィン語・ウグリア語・マジャール語・オスチャック語・ヤクー
ト語・ツングース語・チクチ語等を初めとしてその他みなそ
うだ。>

第3話　狐が自ら歌った謡「ハイクンテレケ ハイコシテムトリ」

341	arwenpuri	大変な悪い心を
342	ci=kor a kusu	私は持っていた為
343	nep ne usi ka	何にも
344	ci=erampewtek	ならない、
345	wen ray	悪い死方を
346	ci=ki siri tapan na.	したのですから
347	téwano okay	これからの
348	cironnup utar,	狐たちよ、
349	itekki	決して
350	wenpuri kor yan.	悪い心を持ちなさるな。
351	ari cironnup kamuy yayeyukar.	と狐の神様が物語りました。

（幸恵注）

Okikurumi（Okikirmuy）と Samayunkur と Supunramka とはいとこ同志で、Supunramka は一ばん年上で Okikirmuy は一ばん年下だと云います。Supunramka は温和な人で内気ですから何も話がありませんが、Samayunkur は短気で、智恵が浅く、あわて者で、根性が悪い弱虫で、Okikirmuy は神の様に智恵があり、情深く、勇気のあるえらい人だと云うので、其の物語りは無限と云うほど沢山あります。

—114—

341 [ar（まったく）wen（悪い）puri（性格）]

342 [ci=（私が）kor（を持つ）] a〜た。kusu〜ために。

343 nep 何。ne〜に。[us（につく）i（こと）] ka〜も。

344 [ci=（私が）erampewtek（わからない）]

346 [ci=（私が）ki（をする）] siri〜こと。tapan このとおり
である。na〜よ。

347 téwano これから。okay ある。

348 cironnup きつね。utar〜たち。

349 itekki〜するな。iteki の強調形。決して〜するな。

350 wenpuri 悪い心。kor を持つ。yan〜なさい。
itekki がここまでかかって「決して持ちなさるな」。

351 ari〜と。[yay（自分）e（〜について）yukar（語る）]

アイヌ語の動詞⑩ 日常語の場合⑧

動詞の人称変化の表をかかげます。ただし主格の場合です。

他動詞の人称変化（語幹 nukar）

	単数	複数
1人称	ku=nukar	ci=nukar
2人称	e=nukar	eci=nukár
3人称	nukar	nukar
不定人称	a=nukár	a=nukár

※不定人称とは不定の「だれか」「ある人」を表します。

自動詞の人称変化（語幹 mína）

	単数	複数
1人称	ku=mina	mína=as
2人称	e=mina	eci=mína
3人称	mína	mína
不定人称	mína=an	mína=an

—115—

第4話　兎が自ら歌った謡「サンパヤ テレケ」

4　Isepo yayeyukar

"Sampaya terke"

1	tu pinnay kama	二つの谷
2	re pinnay kama	三つの谷を飛越え
3	terke=as kane	飛越え
4	sinot=as kor	遊びながら
5	yupinekur ósi	兄様のあとをしたって
6	ekimun paye=as.	山へ行きました。
7	kesto an ko	毎日毎日
8	yupinekur	兄様の
9	ósi paye=as	あとへ行って
10	inkar=as ko,	見ると
11	aynupito	人間が
12	kuare[1] wa an ko,	弩を仕掛けて置いてあると
13	ne ku	其の弩を
14	yupinekur	兄様が
15	hecawere ranke,	こわしてしまう。
16	ne wa an pe	それを
17	ci=emina kor patek	私は笑うのを
18	okay=as pe ne kusu,	常としていたので
19	tanan to suy	此の日もまた
20	paye=as wa	行って
21	inkar=as awa,	見たら、
22	senne ka suy	ちっとも
23	síran kuni	思い
24	ci=ramu a hi	がけない
25	yupinekur	兄様が
26	ku oro kus wa	弩にかかって

---

[1] アマッポ（弩）即ち「仕掛け弓」を仕掛くる事。

—116—

第4話　兎が自ら歌った謡
「サンパヤ テレケ」

[題名]　isepo 兎 [＜i(兎の鳴き声)se(という)p(もの)po(指小辞)] 指小辞とは小さいもの、愛らしいものを指すことば。

1　tu 二つの。pinnay 谷。kama をまたぐ。

2　re 三つの。tu 〜 re 〜 「多くの」の意を表す対句。

3　[terke(跳ねる)=as(私)]　kane 〜して。

4　[sinot(遊ぶ)=as(私)]　kor 〜しながら。

5　[yupi(兄)ne(である)kur(人)]　ósi 〜の後。

6　[e(その頭)kim(山)un(にある)]= 山へ。paye 行く。

7　{[kes(毎)to(日)] an ある。ko 〜と。} = 毎日毎日。

12　[ku(仕掛け弓)a(置く)re(させる)]　wa 〜て。
　　ko=kor 〜(する)と。幸恵訳の「弩」は「いしゆみ」。

13　ne その。ku 仕掛け弓。手で射る弓も ku。

15　[he(顔)cawe(〜を解く)re(させる)]= こわす。
　　ranke (毎日)〜する(反復を表す)。

17　[ci=(私)emina(を笑う)]　kor 〜しながら。
　　patek 〜ばかり。

18　[okay(ある)=as(私)]　pe もの。ne である。
　　kusu 〜ので。

19　[tan(この)an(ある)]= この。to 日。suy また。

22　senne 打消し辞。少しも〜しない。ka も。
　　suy また。この行、24行目までかかる。
　　「少しもまた、そうなっているとは思わなかったこと」

23　síran そうなっている。kuni 〜と。

24　[ci=(私)ramu(思う)]　a 〜た(完了)。hi こと。

26　oro の所に。kus 〜にかかる。wa 〜して。

第4話　兎が自ら歌った謡「サンパヤ テレケ」

27	rayayyayse kor an.	泣叫んでいる。
28	ci=ehomatu	私はビックリして、
29	yupinekur	兄様の
30	samake ta	そばへ
31	terke=as wa	飛んで
32	paye=as awa,	行ったら
33	yupinekur	兄様は
34	cis turano	泣きながら
35	ene itaki : ——	云うことには
36	"inkar kusu	「これ
37	ci=akinekur,	弟よ、
38	tan téwano	今これから
39	e=hoyupu wa	お前は走って
40	e=oman wa	行って
41	a=kor kotan	私たちの村
42	kotan osmake ta	の後ろへ
43	e=sirepa ciki	着いたら
44	'yupinekur	兄様が
45	ku oro kus na,	弩にかかったよー、
46	huohohoy ！' ari	フオホホーイ と
7	e=hotuypa kus ne na."	大声でよぶのだよ。」
48	háwas ciki,	私はきいて
49	ci=eesekur	ハイ、ハイ、と返事を
50	eciw kane,	して、
51	orowano	それから
52	tu pinnay kama	二つの谷
53	re pinnay kama	三つの谷飛越え
54	terke=as kane	飛越え
55	sinot=as kor	遊びながら
56	sap=as ayne,	来て
57	ci=kor kotan	私たちの村の

—118—

27 rayayyayse 大声で泣く。[ray(ひどく)ayay(泣く声)
   ayay(反復)se(声を立てる)] の約まった形。
   kor ～しながら。an いる。

28 [ci＝(私)e(それに)homatu(驚く)]

30 [sama(の側)ke(所属形語尾)] ta ～に。

34 cis 泣く。turano ～といっしょに。～とともに。

35 ene このように。[itak(言う)i(こと)]

36 inkar 見よ。kusu 強意。

37 [ci＝(私)aki(の弟)ne(である)kur(人)]

38 tan たった今。[te(これ)wa(から)no(副詞化辞)]

39 [e＝(お前)hoyupu(走る)] wa ～して。

40 [e＝(お前)oman(行く)] wa ～して。

41 [a＝(私たち)kor(のくを持つ)] kotan 村。

42 osmake の後ろ。ta ～に。

43 [e＝(お前)sirepa(着く)] ciki ～したら。

45 na ～よ。

46 huohohoy 「フオホホーイ」危急時の男の叫び声。

47 [e＝(お前)hotuypa(大声で呼ぶ)] {kus ～するつもり。
   ne である。na ～よ。} ＝～しなさいよ。

48 [haw(声)as(～がする)] ciki ～ので。

49 [ci＝(私)e(それに)e(はい)se(と言う)kur(名詞法接尾
   辞)]

50 [e(その頭)ciw(～にささる)] eciw は、eese や hetce
   や humse などの語を受けて相手に返事や掛け声を投
   げかけるときに慣用的に使われる。
   hetce ヘッヘッという。hum-se フンフンと言う。

56 [sap(川下方向へ来る)as(私)] ayne ～したあげく。

—119—

第4話　兎が自ら歌った謡「サンパヤ テレケ」

58	kotan osmake	村後へ
59	ci=kosirepa.	着きました。
60	otta easir	そこではじめて
61	yupinekur	兄様が
62	un=uytek a hi	私を使いによこしたことを
63	ci=esikarun,	思い出しました、
64	tan ruy hotuye	私は大声で叫び声を
65	ci=ki kus ne awa	挙げようとしたが、
66	yupinekur	兄様が
67	nékon tapne	何を言って
68	un=uytek awa	私を使いによこしてあったのか
69	oar ci=oyra.	すっかり私は忘れていました。
70	ciastustekka=as	其処に立ちつくして
71	ci=eyaysikarunka,	思い出そうと
72	kip ne korka	したが
73	oar ci=oyra.	何うしてもだめだ。
74	orowano	それから
75	hetopo suy	また
76	tu pinnay kama	二つの谷
77	re pinnay kama	三つの谷を越え
78	horka terke	後へ逆飛び
79	horka tapkar	逆躍び
80	ci=ki kane,	しながら
81	yupinekur	兄様の
82	otta an hi un	いる処へ
83	arki=as wa	来て
84	inkar=as awa	見ると
85	nep ka isam.	誰もいない。
86	yupinekur	兄様の

59 [ci=(私)ko(〜に)sirepa(着く)]

60 [or(r → t 音素交替：ところ)ta(〜で)]= そこで。
[e(〜で)asir(新しい)]= はじめて。

62 [un=(私を)uytek(召し使う)] a た(完了)。hi こと。

63 [ci=(私)esikarun(を思い出す)]

64 tan とても。ruy 激しい。hotuye 呼び声をあげる。

65 [ci=(私)ki(をする)] kusne 〜するつもりでいる。

67 nékon どのように。tapne(語勢の助詞)こそ。

69 oar まったく。[ci=(私)oyra(を忘れる)]

70 [ci(自ら)as(立つ)tustek(呆然とする)ka(他動詞化)
=as(私)]= 呆然と立ちつくす。

71 [ci=(私)e(について)yay(自分)sikarun(思い出す)ka
(他動詞化語尾)]

72 [ki(をする)p(もの)] ne である。korka けれども。

75 hetopo 逆戻りして。suy また。

78 horka 逆方向に。

79 tapkar 舞う。

82 otta そこに。an いる。hi ところ。un 〜へ。

83 [arki(来る)=as(私)] wa 〜て。

85 nep 何。ka 〜も。isam ない。

アイヌ語の動詞⑪ 日常語の場合⑨

　日常語では ci= および as= という人称接辞は１人称複数
「私たち」を表す接辞です。１人称複数「私たち」には２
種類あり、ci= と =as は話相手を含めない「私たち」（除外
的１人称複数）を表し、もう一つは不定人称の a= と =an で、
相手を含めた「私たち」（包括的１人称複数）を表します。

第4話　兎が自ら歌った謡「サンパヤ テレケ」

87	ouse kemi	血だけが
88	sir us kane síran.	其処等に附いていた。
89	（ari an ko oyak ta terke）	（ここまでで話は外へ飛ぶ。）
	"ketka woywoy ketka,	ケトカヲイヲイケトカ、
	ketka woy ketka"	ケトカヲイケトカ
90	kesto an ko	毎日毎日
91	kim ta paye=as	私は山へ行って
92	aynupito	人間が
93	áre wa an ku	弩を仕掛けてあるのを
94	ci=hecawere,	こわして
95	ne wa an pe	それを
96	ci=emina kor patek	面白がるのが常で
97	okay=as awa	あった処が
98	sinean ta suy,	或日また
99	néa hi ta	前の所に
100	ku a=are kane	弩が仕掛けて
101	síran ki ko,	あると、
102	utorsama ta	其の側に
103	pon noya ku	小さい蓬の弩が
104	a=are kane síran,	仕掛けてある、
105	ci=nukar ᵗ ciki	私はそれを見ると
106	"ene okay pe	「こんな物、
107	nep a=ekár pe tan ？"	何にする物だろう。」
108	yaynu=as	と思って
109	ci=emina rusuy kusu	おかしいので
110	ponno ci=keretek,	ちょっとそれに触って見た、
111	nani kira=as kusu	直ぐに逃げようと
112	ikici=as awa	したら
113	senne ka suy	思い
114	sirki kuni	がけ

—122—

87 ouse ただ。kemi（かれ）の血。所属形。

88 sir 地面。us ～につく。kane ～して。
　　síran ～の様子である。

89 { ari ～と。an ある。ko ～と。}＝以上で。
　　oyak（話は）外のところ。ta ～に。terke とぶ。

　ここまでは弟兎を主人公にして物語りが進められてきた
が、次は兄の兎の体験談に変る。サケヘも次のように変る。

"ketka woywoy ketka, ketka woy ketka"

93 áre 仕掛ける。wa ～て。an ある。ku 弓。

99 néa その。hi ところ。ta ～に。

100 [a＝（人が）áre（仕掛ける)]＝仕掛けられる。

101 síran ～の様子である。ki 音節数調整の虚辞。

102 [ut（肋骨）or（の所）sama（の側)]＝～の側。ta ～に。

103 noya よもぎ。

106 ene このように。okay ある。pe もの。

107 nep 何。[a＝（人が）ekar（～を作る）pe（もの)]
　　tan ～である（か）。

109 [ci＝（私）emina（を笑う)]　rusuy ～したい。

110 ponno 少し。[ci＝（私）kere（に触る）tek（一寸～する)]

111 nani すぐ。[kira（逃げる）as（私)]　kusu のつもり。

112 [iki（物事をする)＝as（私)]　awa ～いたところ。

アイヌ語の動詞⑫　日常語の場合⑩　日常語の用例

① cep patek ku=e. 魚ばかり（私）食べる。cep 魚。patek ばか
り。[ku=（私）e（を食べる)]

② e=e yakka pirka. 食べてもよい。[e=（あなた）e（を食べる)]
yakka ～しても。e は他動詞、人称接頭辞がつく。

—123—

第4話　兎が自ら歌った謡「サンパヤ テレケ」

115	ci=ramu a hi,	なく、
116	néa ku oro	其の弩に
117	ci=osma humi	いやという程
118	ci=monetoko	はまって
119	rorkosanu.	しまった。
120	kira=as kusu	逃げようと
121	yayehoturiri=as ko	もがけばもがくほど、
122	poo yupkeno	強くしめ
123	a=un=númpa	られるので
124	ene wa póka	何う
125	ikici=as hi ka	する事も
126	isam kusu	出来ないので、
127	cis=as kor	私は泣いて
128	okay=as awa	いると、
129	un=sama ta	私の側へ
130	hemanta an pe	何だか
131	citursere,	飛んで来たので
132	inkar=as awa,	見るとそれは
133	ci=akinekur	私の弟
134	ne kane an.	であった。
135	ci=enupetne wa	私はよろこんで、
136	ci=utarihi	私たちの一族のものに
137	ci=koasuranure	此の事を知らせる様に
138	ci=uytek awa	言いつけてやったが
139	orowano	それから
140	ci=tere ike ka,	いくら待っても
141	nep humi ka	何の音も
142	oarar isam.	ない。
143	cis=as kor	私は泣いて
144	okay=as awa,	いると、
145	un=sama ta	私の側へ

117 [ci=（私）osma（に入る）] humi 感じ。

118 [ci=（私）mon（体）etoko（の先）]

119 [ror（rori「沈む」の語根）kosanu（急に〜する）]

121 [yay（自分）e（そこで）ho（尻）turi（を伸ばす）ri（重複：〜
している）=as（私）] ko 〜と。

122 po'o ずっと。[yup（きつく締める）ke（自動詞化語尾）
no（副詞化辞）]

123 [a=（人）=un（私を）numpa（を締め付ける）]= 締め付け
られる。

129 [un=（私）sama（の側）] ta 〜に。

130 hemanta 何。an ある。pe もの。

131 [ci（自ら）turse（落ちる）re（させる）]= 飛んでくる。

135 [ci=（私）enupetne（を喜ぶ）] wa 〜して。

136 [ci=（私たち）utarihi（の一族）]

137 [ci=（私）ko（〜に）asuranu（危急を知らす）re（させる）]

138 [ci=（私）uytek（〜を使いにやる）] awa 〜したが。

140 [ci=（私）tere（を待つ）] ike ka 〜しても。

141 nep 何。humi の音。ka も。

142 oarar まったく。isam ない。

アイヌ語の動詞⑬ 日常語の場合⑪

前掲の ku=e は 1 人称、e=e は 2 人称の例でした。

③ tane somo ek nankor. もう来ないだろう。tane もう。
somo 〜しない。ek 来る。nankor 〜だろう。

この用例の動詞 ek には人称接辞がついていません。だか
ら 3 人称の例です。主格は「彼」「彼女」「あの人」その他
特定のだれかならだれでもよく、いろんな場合があります。

—125—

第4話　兎が自ら歌った謡「サンパヤ テレケ」

146	aynu kurmam	人の影が
147	cisipusure.	あらわれた。
148	inkar=as awa	見ると、
149	kamuy siri ne an	神の様な美しい
150	aynu okkaypo	人間の若者
151	sanca otta	ニコニコ
152	mína kane,	して、
153	un=uyna wa	私を取って、
154	hunak ta un=ani.	何処かへ持って行った。
155	inkar=as awa	見ると
156	poro cise	大きな家の
157	upsoroho	中が
158	kamuy korpe	神の宝物で
159	ciesikte	一ぱいになって
160	kane síran.	いる。
161	néa okkaypo	彼の若者は
162	ape áre wa,	火を焚いて
163	tan poro su	大きな鍋を
164	hoka otte,	火にかけて
165	sosamotpe⁽²⁾	掛けてある刀を
166	etaye wa,	引抜いて
167	ci=netopake	私のからだを
168	rus turano	皮のまま
169	tawkitawki	ブツブツに切って
170	su oro esikte,	鍋一ぱいに入れ
171	orowano	それから
172	su corpoke	鍋の下へ
173	euseus	頭を突入れ突入れ

⁽²⁾刀剣。これは戦争の時に使う刀剣とは違うので、ふだん家の右座の宝物の積んである上に吊してあるのがそれです。戦争の時には使いませんが、uniwente などのときには使います。

—126—

146　aynu 人間。kurmam 影。

147　[ci(自ら)sipusu(現われ出る)re(させる)]= 現われる。

151　[san(前の)ca(口)]　otta ～のところで。

152　mína 笑う。kane ～しながら。前行から常套句。

153　[un=(私を)uyna(を取る)]　wa ～て。

154　hunak ta どこかに。[un=(私を)ani(を持って運ぶ)]

157　upsor [概念形] 中。upsoro(ho)[所属形] ～の中。

158　kamuy 神。[kor(を持つ)pe(もの)]

159　[ci(自ら)esik(～で満ちる)te(させる)]= 一杯になる。

162　ape 火。áre ～を燃やす。wa ～して。

163　tan とても。poro 大きな。su 鍋。

164　hoka 炉。[ot(～にかける)te(させる)]

165　[so(座)sam(の側)ot(にかける)pe(もの)] 脚注参照。

166　etaye ～を引く。wa ～して。

167　[ci=(私)netopa(体)ke(所属形語尾)]= 私の体。

168　rus 皮。turano ～といっしょに。

169　tawki（刃物で）～をたたいて切り付ける。

170　su 鍋。oro ～に。esikte いっぱいにし。

173　[e(その頭)us(～につく)eus(重複)]

アイヌ語の動詞⑭　日常語の場合⑫

④ cep a=e ro. 魚を食べよう。⑤ ipe=an ro. 食事をしよう。
これらの例では e(を食べる)は他動詞ですから接辞は接頭
辞がつき、目的語 cep(魚)をとります。ipe(食事をする)は
自動詞ですから接尾辞 =an がつきます。

　この２例の a= および =an は包括的１人称複数「私たち」
の主格の用例でした。

—127—

第4話　兎が自ら歌った謡「サンパヤテレケ」

174 ape áre.	火を焚きつけ出した。
175 nékona ka	何うか
176 ikici=as wa	して
177 kira=as rusuy kusu	逃げたいので
178 aynu okkaypo	私は人間の若者の
179 sikuturu	隙を
180 ci=tusmak korka	ねらうけれども、
181 aynu okkaypo	人間の若者は
182 un=oyak un	ちっとも私から
183 inkar siri	眼をはなさ
184 oar isam.	ない。
185 "su pop wa	「鍋が煮え立って
186 ci=as yakun,	私が煮えてしまったら、
187 nep ne usi ka	何にも
188 ci=erampewtek	ならない
189 toy ray wen ray	つまらない死方、悪い死方
190 ci=ki etokus." ari	をしなければならない」と
191 yaynu=as kane,	思って
192 aynu okkaypo	人間の若者の
193 sikuturu	油断を
194 ci=tusmak ayne,	ねらってねらって、
195 hunakpake ta,	やっとの事
196 sine kamahaw ne	一片の肉に
197 ci=yaykat tek,	自分を化らして
198 rikun supa	立上がる湯気に
199 ci=yaykopoye,	身を交て
200 su párurkehe	鍋の縁に
201 ci=kohemesu,	上り、
202 harkisotta	左の座へ
203 terke=as tek,	飛下りると直ぐに
204 soyoterke=as,	戸外へ飛出した、

—128—

175 nékona どのように。ka 強意。

176 [iki(物事をする)ci(複数語尾)=as(私)] wa 〜して。

177 [kira(逃げる)=as(私)] rusuy 〜したい。kusu ので。

179 [sik(目)uturu(の間)]= 隙。

180 [ci=(私)tusmak(と競争する)] korka 〜けれども。

182 [un=(私の)oyak(〜のほかの所)] un 〜へ。

183 inkar 目をやる。siri 〜のようす。

184 oar まったく。isam ない。

185 su 鍋。pop 煮立つ。wa 〜して。

186 [ci(煮える)=as(私)] yakun 〜したならば。

187 nep 何。ne 〜に。[us(〜につく)i(こと)] ka 〜も。

188 [ci=(私)erampewtek(〜がわからない)]

190 etokus もうすぐ〜しそうになっている。

196 sine ひとつの。[kam(肉)ahaw(？)] ne 〜に。

197 [ci=(私)yay(自分を)kar(を作る)] tek 一寸〜する。

198 [rik(高い所)un(にある)] [su(鍋)pa(湯気)]

199 [ci=(私)yay(自分を)ko(〜に)poye(〜を混ぜる)]

200 su 鍋。[párur(ふち)kehe(所属形語尾)]

201 [ci=(私)ko(〜に)hemesu(上がる)]

202 [harkiso(左座)otta(そこに)] の縮約形。

204 [soy(外)o(に)terke(跳ねる)=as(私)]

アイヌ語の動詞⑮　日常語の場合⑬　目的格の接辞

１人称　 en=kore 私に与える　 un=kore 私たちに与える
２人称　 e=kore 君に与える　 eci=koré 君たちに与える
３人称　　 kore 彼に与える　　　　 kore 彼等に与える
不定人称 i=kore 人に与える　　　 i=kore 人らに与える

—129—

第4話　兎が自ら歌った謡「サンパヤ テレケ」

205	cis turano,	泣きながら
206	terke=as kane	飛んで
207	pas=as kane,	息を切らして
208	kira=as ayne	逃げて来て
209	ci=uncisehe	私の家
210	ci=kosirepa,	へ着いて
211	eas ka yaykahumsu=as,	ほんとうにあぶないことであ ったと胸撫で下した。
212	si oka un	後ふりかえって
213	inkar=as awa,	見ると、
214	yayan aynu	ただの人間、
215	use okkaypo	ただの若者
216	ne kuni patek	とばかり
217	ci=ramu a p,	思っていたのは
218	Okikirmuy	オキキリムイ、
219	kamuy rametok	神の様な強い方
220	ne ruwe ne awan.	なのでありました。
221	yayan aynupito	ただの人間が
222	áre ku ne kuni	仕掛けた弩だと
223	ci=ramu wa,	思って
224	kesto kesto	毎日毎日
225	irara=as wa,	悪戯をしたのを
226	Okikirmuy	オキキリムイ
227	ruska kusu	は大そう怒って
228	noya pon ku ari	蓬の小弩で
229	un=rayke kusu	私を殺そうと
230	iki a korka,	したのだが
231	ciokay ka	私も
232	pasta kamuy	ただの身分の軽い神
233	ci=ne somo ki ko,	でもないのに、
234	toy ray wen ray	つまらない死方悪い死方を

207 [pas（走る）=as（私）] kane 〜して。

209 [ci=（私）un（の）cisehe（家）]

210 [ci=（私）ko（〜に）sirepa（着く）]

211 easir ka（ほんとうに）の約まった形。
 [yaykahumsu（胸をなでおろす）=as（私）]

212 si 自身。oka の後。un 〜へ。

214 yayan ただの。

215 use 普通の。okkaypo 若者。

216 ne である。kuni 〜と。patek ばかり。

219 [ram（心）etok（すぐれている）]= 勇者。

220 ne である。ruwe の。awan 意外にも〜であった。

227 ruska 〜を腹立たしく思う。kusu 〜ので。

228 noya よもぎ。pon 小さい。ku 弓。ari 〜で。

229 [un=（私を）rayke（を殺す）] kusu 〜するために。

230 iki 〜をする。a 〜た。korka 〜けれども。

231 ciokay 私（代名詞）。ka 〜も。

232 pasta 平凡な。（＜日本語「端」？ ｛久保寺｝）

233 [ci=（私）ne（である）] somo 〜でない。

アイヌ語の動詞⑯ 日常語の場合⑭

　不定人称の接辞はつぎのような場合があります。

①一般称≪（不定の）ひと≫

②敬意の２人称（あなた様）

③包括的１人称複数（私たち、あなたも私も）

　また１つの語幹に主格と目的格の接辞が同時に使われることがありますが、40通り以上の組み合わせが生まれます。

　[例] e=kore=as 私が君に与える。

—131—

第4話　兎が自ら歌った謡「サンバヤ テレケ」

235	ci=ki yakne	したら、
236	ci=utarihi ka,	私の親類のもの共も、
237	yayerampewtek kuni	困り惑うであろう事を
238	cierampoken	不憫に思って
239	un=ekarkar kusu,	下されて
240	renkayne	おかげで、
241	kira=as yakka	私が逃げても
242	somo un=nospa	追かけなかった
243	ruwe ne awan.	のでありました。
244	eepaki ta,	それから、
245	hoskino anak,	前には、
246	isepo anak	兎は
247	yuk pakno	鹿ほども
248	netopake rupne p	体の大きなもの
249	ne a korka,	であったが
250	tan koraci an	此の様な
251	wen irara	悪戯を
252	ci=ki kusu	私がした為に
253	Okikirmuy	オキキリムイの
254	sine kamahawe pakno	一つの肉片ほど
255	okay=as ruwe ne.	小さくなったのです。
256	téwano okay	これからの
257	a=utárihi,	私たちの仲間は
258	opittano,	みんな
259	ene pakno	この位の
260	okay kunihi	からだになる
261	ne nankor.	のであろう。
262	téwano okay	これからの
263	isepo utar,	兎たちよ、
264	itekki irara yan.	決していらずらをしなさるな。

—132—

235 yakne ～すると。

236 [ci=(私)utarihi(～の一族)] ka ～も。

237 [yay(自分)erampewtek(～がわからない)]＝困り惑う。
kuni ～するはずのこと。

238 [ci(自ら)erampoken(を不憫に思う)]

239 [un=(私に)ekarkar(に～をする)] 前行から続いて「私
を不憫に思う」となる。中相形 ci ～ ekarkar の構文。
kusu ～ので。

240 [renka(意図)y(挿入音)ne(として)]＝ ～の意志によっ
て。おかげで。

242 somo ～しない。[un=(私を)nospa(を追う)]

244 eepaki その次。ta ～に。

245 [hoski(以前に)no(副詞化辞)] anak ～は。

246 isepo ウサギ。anak ～は

247 yuk 鹿。pakno ほど。

248 netopake 体。rupne 大きい。p もの。

249 ne である。a ～た。korka けれども。

250 tan この。koraci ～のように。an ある。

251 wen 悪い。irara いたずら。

252 [ci=(私)ki(をする)] kusu ～ために。

254 sine 一つの。kamahawe 汁の中の肉片。
pakno ほど。

255 [okay(ある)=as(私たち)] ruwe ne ～のである。

256 téwano これから。okay ある。

261 ne である。nankor ～のだろう。

263 isepo 兎。utar たち。

264 itekki 決して～するな。irara 悪戯をする。

第4話　兎が自ら歌った謡「サンパヤ テレケ」

| 265 | ari isepo tono póutari paskuma wa onne. | と、兎の首領が子供等を教えて死にました。 |

神謡の接辞　人称接辞①

　さていよいよ神謡の接辞類を取り上げてゆきましょう。まず人称接辞についてです。もうすでにお気づきでしょうが、日常語と1人称に大きな違いがあります。

他動詞の主格人称接辞

	単数	複数
1人称	ci=	ci=
2人称	e=	eci=
3人称	——	——
不定人称	a=	a=

自動詞の主格人称接辞

	単数	複数
1人称	=as	=as
2人称	e=	eci=
3人称	——	——
不定人称	=an	=an

　これまで出てきた人称接辞の実際の用例を本書の第1話を中心に拾い出してみましょう。しかし1人称についてはたくさんの用例にお目にかかっていらっしゃると思いますが、第1話の冒頭部分では、フクロウの神が自分のことを 1-6（第1話・6行目、以下同じ）ci=ki,　1-11 ci=kus,　1-8 sap=as,　1-13 inkar=as　などと表現しました。

—134—

265 tono 首領（＜殿）。[po（息子）utari（たち）]
paskuma ～に教える。wa ～て。onne 死ぬ。

神謡の接辞 人称接辞②

1人称の用例は ci= や =as が必ずついていて、わかりますから左ページの用例以外は省略しましょう。

2人称の用例は少なく、第1話と第4話から拾います。

1-96 e=nepkoran（お前のような）

1-175 e=i=etusmak（お前が私たちに先回りをする）

第4話には仕掛け弓にかかった兄の兎が弟兎に呼びかける場面があります。

4-39 e=hoyupu wa （お前は走って）/ e=oman wa （行って）

4-43 e=sirepa ciki（着いたら）4-47 e=hotuypa kus ne na.
（お前は大声で呼ぶのだよ）

人称接辞がつかない3人称の例はどうでしょう。第1話でみますと、登場するのはまず梟の神ですが、その動詞には ci= や =as がつきますから除きます。最初に出てくるのは、1-15行目に ne という動詞があります。この場合「～になる」の意ですが、この動詞の主語は14の te'eta wenkur（昔の貧乏人）です。ne は補語をとる動詞ですから、どんなふうになるかというと、tane nispa（今お金持ち）です。また ne には人称接辞がついていないわけは、主語「昔の貧乏人」が3人称だからです。同じ理由で17の ne も先ほどの主語と補語がひっくり返っただけのことです。

いま一つ1-20の aynu hekattar が主語の動詞は、23と24の euwesinot kor okay です。人称接辞はついていません。aynu hekattar が3人称だからです。

—135—

第5話　谷地の魔神が自ら歌った謡「ハリツクンナ」

5　Nitatorunpe yayeyukar

"Harit kunna"

1	sinean to ta	或日に
2	sirpirka kusu	好いお天気なので
3	ci=kor ^{n} nitat otta	私の谷地に
4	ci=sikihi newa	眼と
5	ci=paroho patek	口とだけ
6	ci=etukka wa,	出して
7	inkar=as kane	見て
8	okay=as awa	いたところが
9	too opisun	ずっと浜の方から
10	aynu kutkes	人の話声が
11	sarasara.	きこえて来た。
12	inkar=as awa	見ると、
13	tu okkaypo	二人の若者が
14	useturka	連れだって
15	rarpa kane.	来た。
16	hoski ek pe,	先に来た者は
17	rametok sóne	勇者らしく
18	rametok ipor	勇者の品を
19	eipottumu	そなえ
20	niwnatara,	て、
21	kamuy sirine	神の様に美しい
22	okay ko,	が
23	iyosi ek pe	後から来た者を
24	ci=nukar ko,	見ると、
25	katuhu ka	様子の
26	wen a wen a	悪い
27	rerek okkayo ne wa,	顔色の悪い男で、
28	hemanta okay pe	何か

—136—

第5話　谷地の魔神が自ら歌った謡
「ハリツクンナ」

[題名]　[Nitat（谷地）or（の所）un（にいる）pe（もの）]

1　sinean 或る。to 日。ta ～に。

2　[sir（天候）pirka（よい）]= 天気がよい。kusu ～ので。

3　[ci=（私）kor（の）]　nitat 谷地。otta ～に。

4　[ci=（私）sikihi（の目）]　newa ～と。

5　[ci=（私）paroho（の口）]　patek ～だけ。

6　[ci=（私）e（その頭）tuk（突き出る）ka（他動詞化語尾）]

9　too ずっと。[o（その尻）pis（浜）un（にある）]= 浜から。

10　aynu 人間。[kut（のど）kes（末）]

11　sara 現われる。人の話し声がきこえてくる。

13　tu 二つの。okkaypo 若者。

14　[u（互いに）setur（背）ka（の上）]

15　[rar（rari「を押えつける」の語根）pa（複数語尾）]
　　前行から「互いの背に続く」すなわち「連れだつ」。

16　hoski 先に。ek 来た。pe 者。

17　[ram（心）etok（優れている）]= 勇者。[so（本当）ne（に）]

19　[e（その）ipor（顔つき）tumu（～の中）]

20　niwnatara きつい。あらい。たけだけしい。

21　kamuy 神。[siri（のようす）ne（に）]

22　okay ある。ko ～て。

23　[i（人）y（挿入音）osi（～の後を追う）]

25　katuhu ～の様子。ka ～も。

26　wen a wen a と繰り返して「ひどく悪い」こと。

27　rerek 青い。okkayo 男。ne である。wa ～て。

28　hemanta 何。oaky ある。pe もの。

—137—

第5話　谷地の魔神が自ら歌った謡「ハリツクンナ」

29	eukoitak kor	話合いながら
30	arki ayne,	やって来たが
31	ci=kor ^{n} nitat	私の谷地の
32	samakehe kuspa,	側を通り
33	un=pekano	ちょうど私の前へ
34	arki ayke,	来ると、
35	iyosno ek	あとから来た
36	rerek aynu	顔色の悪い男が
37	ásas kane iki	立止り立止り
38	etuhu kisma,	自分の鼻をおおい
39	"hm,sirun nitat	「おお臭い、いやな谷地、
40	wen nitat,	悪い谷地の
41	kotcake a=kus awa	前を通ったら
42	icakkere	まあ汚い、
43	nep tap téta	何だろう
44	wen húraha	こんなに臭い
45	okay pe ne ya ？"	のは、」
46	ari hawean.	と言った、
47	inu ne wa	私はただ聞いた
48	ci=ki p ne korka,	ばかりだけれど
49	okay=as humi ka	自分の居るか居ないかも
50	ci=erampewtek	わからぬほど
51	túrus kinrane	腹が
52	un=kohetari.	立った。
53	yaci tum wa	泥の中から
54	soyoterke=as,	飛出した。
55	terke=as ko	私が飛上ると
56	toy yasaske	地が裂け
57	toy pererke.	地が破れる。
58	ci=notsep humi	牙を
59	tawnatara,	鳴らしながら、

—138—

29 [e (について) uko (ともに) itak (話す)] kor しながら。

30 arki 来る。ek の複数形。ayne 長い間〜してから。

32 samakehe 〜の側。[kus (を通る) pa (複数形語尾)]

33 [un=(私に) peka (〜に向かう) no (副詞化辞)]

34 arki 来る。ayke 〜すると。

37 [as (立つ) as (反復)] kane 〜して。iki 〜をする。

38 etuhu 〜の鼻。kisma を押さえる。

39 hm 間投詞。[sir (地) un (にいる)]= とてもひどい。

41 [kotca (〜の前) ke (所)] [a=(私たち) kus (通る)]

42 icakkere 汚い。

43 nep 何。tap これ。téta ここに。

44 wen 悪い。húraha 〜のにおい。

45 okay ある。pe もの。ne である。ya 〜か。

46 ari 〜と。hawean 言う。

47 [i (もの) nu (を聞く)] ne である。wa 〜て。

48 [ci=(私) ki (をする)] p もの。ne だ。korka けれど。

49 [okay (いる)=as (私)] humi (感じが) すること。ka も。

50 [ci=(私) erampewtek (〜がわからない)]

51 túrus 狂おしい。kinrane 憤り。

52 [un (私に) ko (〜に) hetari (頭をもたげる)]

53 yaci 湿った泥。tum 〜の中。wa 〜から。

54 [soy (外) o (に) terke (跳ねる)=as (私)]

55 [terke (跳ねる)=as (私)] ko 〜と。

56-57 toy 土地。yasaske 裂ける。pererke 破れる。

58 [ci=(私の) not (あご) se (音がする) p (もの)] humi の音。

59 [taw (擬音の語根) natara (状態の継続を表す語尾)

—139—

第5話　谷地の魔神が自ら歌った謡「ハリツクンナ」

60	nérok pe	彼等を
61	ci=toykonospa,	強く追っかけた
62	iki=as awa,	ところが
63	hoski ek pe	先に来た者は、
64	wen inkarpo ki tek	それと見るや
65	cep sikiru	魚がクルリとあとへかえる
66	ekannayukar,	様に引かえして
67	rerek aynu	顔色の悪い男の
68	tempokihi kus wa,	わきの下をくぐり
69	too hoskino	ずーっと
70	kira wa isam.	逃げてしまった。
71	rerek aynu	青い男を
72	tu tem re tem	二間三間
73	ci=nospa ko	追っかけると
74	ci=osikoni,	直ぐ追いついて
75	kitayna wano	頭から
76	ci=oanruki.	呑んでしまった。
77	táta otta	そこで今度は
78	néa okkayo	あの男を
79	ci=toykonospa,	ありったけの速力で
80	sap=as ayne	追っかけて来て
81	aynu kotan	人間の村、
82	poro kotan	大きな村の
83	osmakehe	後へ
84	a=kosírepa.	着いた。
85	inkar=as awa	見ると
86	un=etunankar,	むこうから
87	Ape Húci	火の老女
88	Kamuy Húci	神の老女が
89	húre kosonte	赤い着物、
90	iwan kosonte	六枚の着物に

60 nérok 前に話したあの。néa の複数形。pe 者。

61 [ci=(私)toyko(ひどく)nos(を追う)pa(複数語尾)]

64 [wen(おおざっぱに)inkar(見る)po(指小辞)] ki の前
に置かれて「チラッと見ること」。

65 cep 魚。[si(自分)kiru(をまわす)]= 向きを変える。

66 [e(その)kanna(上に)yukar(まねる)]= さながらに。

68 [tem(腕)poki(の下)hi(所属形語尾)]　kus を通る。

69 too ずっと。[hoski(先)no(副詞化辞)]

70 kira 逃げる。wa 〜て。isam 〜しまった。

72 tu 二つの。tem 腕。re 三つの。距離の測り方。

74 [ci=(私)oskoni(〜に追いつく)]

75 [kitay (てっぺん)na(の方)]　wano 〜から。

76 [ci=(私)oar(まったく:r の前で n)ruki(を飲み込む)]

80 [sap(行く)=as(私)　ayne 〜したあげく。

83 [os(〜の後ろ)make(〜の奥)he(所属形語尾)]

84 [a=(私たち)ko(〜に)sirepa(着く)] a= は自分と男。

86 [un=(私に)etunankar(に出会う)]= 向こうから。

87 Ape 火。Húci 老女。

89 húre 赤い。kosonte 着物(<日本語「小袖」)。

神謡の接辞 人称接辞③ un=「私を/に」

　他動詞の語幹の前に置かれて目的語となります。

1-55 un=tukan(私を射る)　1-83 un=ramante(私を狙う)

1-112 un=eyoko(私をねらう)

1-157 un=kosirepa(私のところに到着する)

1-158 un=esikari(私をつかまえる)

1-180 un=honkokisma(私を腹に押さえる)　　　　(つづく)

第5話　谷地の魔神が自ら歌った謡「ハリツクンナ」

91	kokutkor kane,	帯をしめ、
92	iwan kosonte	六枚の着物を
93	opannere,	羽織って
94	húre kuwa	あかい杖を
95	ekuwakor kane,	ついて
96	un=teksam ta	私の側へ
97	citursere,	飛んで来た。
98	"usayne tap suy	「これはこれは、
99	nep e=kar kusu	お前は何しに
100	tan aynu kotan	此のアイヌ村
101	e=kosan siri tan,	へ来るのか。
102	hetak hosipi,	さあお帰り、
103	hetak hosipi！"	さあお帰り。」
104	itak kane	言いながら、
105	húre kuwa	あかい杖
106	káni kuwa	かねの杖を
107	un=kurkasi	ふり上げて私を
108	esitayki,	たたくと、
109	kuwa tuyka wa	杖から
110	otu wen nuy	焔
111	ore wen nuy	が
112	un=kurkasi	私の上へ
113	wen apto sinne	雨の様に
114	ciranaranke.	降って来る。
115	ki p ne korka	けれども
116	senne ponno	私はちっとも
117	ci=ekottanu,	構わず、
118	ci=notsep hum	牙
119	tawnatara kor,	打鳴らしながら
120	néa aynu	あの男を
121	ci=toykonospa ko	追かけると、

—142—

91 [ko(〜に)kut(帯)kor(を持つ)]　kane 〜して。

93 opannere 〜を羽織る。

94 húre 赤い。kuwa 杖。

95 [e(〜で)kuwakor(杖として持つ)]　kane 〜て。

96 [un=(私の)tek(手)sam(の側)]　ta 〜に。

97 [ci(自ら)turse(落ちる)re(させる)] =落ちる。中相形。

98 1-457, 2-106 参照。

99 nep 何。[e=(お前)kar(〜をする)]　kusu ために。

101 [e=(お前)ko(〜に)san(出る)]　siri 〜している。

102 hetek さあ。hosipi 帰れ(命令形)。

106 káni 金(<日本語「かね」)。

107 [un=(私の)kurkasi(〜の上)]

108 [e(で:杖で)sitayki(〜をたたく)]

109 kuwa 杖。tuyka 〜の上端。wa 〜から。

110-111　otu 〜 ore 〜たくさんの。wen ひどい。nuy 焔

113 wen ひどい。apto 雨。sinne 〜のように。

114 [ci(自ら)ra(下)na(の方)ran(降る)ke(他動詞化)]= 降る。

115 1-72 参照。116-117　1-110~111 参照。

118 [ci=(私)notsep(牙を鳴らすもの)]　hum 音。

神謡の接辞　人称接辞④ un= 「私を / に」

1-205 un=ahunke(私を入れる)

1-223 un=nukar(私を見る)

1-229 un=koonkami(私を拝む)　1-268 un=ante(私を置く)

1-411 un=etomte(私をそれで飾る)

1-511 un=erampokiwen(私を憐れむ)

1-592 un=kopuntek(私をほめる)

第5話　谷地の魔神が自ら歌った謡「ハリックンナ」

122	néa aynu,	あの男は
123	kotan tum péka	村の中を
124	pasno karip	よくまわる環の様に
125	sikopayar.	走って行く。
126	ósi terke=as ko	そのあとを飛んで行くと、
127	toy yasaske	大地が裂け
128	toy pererke.	大地が破れる、
129	kotan utur	村中は
130	haw sitayki	大さわぎ
131	mat tek anpa p,	妻の手を引く者
132	po tek anpa p,	子の手を引く者
133	urayayaysere,	泣叫び
134	ukirare p	逃げ行くもの、
135	sirpop ápkor	煮えくりかえる
136	háwas korka,	ありさま、けれども
137	senne ponno	私は少しも
138	ci=ekottanu,	構わず、
139	wen toy upun	土吹雪
140	ci=siokote,	をたてる、
141	Kamuy Húci	火の老女神は
142	un=teksama	私の側
143	ehoyupu ko	を走って来ると
144	wen nuy ikir	大へんな焔が、
145	un=enka ta	私の上に
146	patkepatke,	飛交う。
147	rápoki ta	其の中に、
148	néa okkayo	あの男は
149	sine cise	一軒の家
150	cise upsor	に
151	korawosma	飛込むと
152	hontomo ta	直ぐにまた

—144—

123 tum の中。péka 〜を(一点でなく、運動面を)。

124 [pas(走る)no(副詞化辞)]　[kari(まわる)p(もの)]=輪。

125 [si(自分)kopa(を〜と間違える)yar(人にさせる)]= まるで〜のようだ。

126 ósi 〜のあと。[terke(跳ねる)=as(私)]　ko 〜と。

127-8　yasaske(＜ yasyaske), pererke(＜ perperke).

129 kotan 村。utur 〜の間。

130 {haw 声。sitayki 〜をたたく。} = 大騒ぎにさわぐ。

131 mat 妻。tek 手。anpa を手に持つ。p 者。

132 po 子。

133 u 〜 re 皆で〜する。[ray(ひどく)ayay(泣く声)se(声を立てる)]= みんなが泣き叫ぶ。

134 u 〜 re の構文は上と同じ。kira 逃げる。p 者。

135 [sir(あたり)pop(煮え立つ)]　apkor 〜かのように。

136 [haw(声)as(する)]　korka 〜けれども。

139 wen ひどい。toy 土。upun 吹雪。

140 [ci=(私)si(自身)o(に)kote(に〜を結びつける)]

142 [un=(私の)tek(手)sama(〜の側)]

143 [e(〜を)hoyupu(走る)]　ko 〜と。

144 nuy 焰。ikir ものの集合。ひとかたまり。

145 [un=(私の)enka(の上の方:離れた位置)]　ta に。

146 patke パッとはねる。

149〜150　sine 一つの。cise 家。upsor 〜の中。

151 [ko(〜に)ra(下に)w(挿入音)osma(入る)] 飛び込む。

152 hontomo 〜の途中。ta 〜で。

—145—

第5話　谷地の魔神が自ら歌った謡「ハリツクンナ」

153　soyoterke.	飛出した。
154　inkar=as awa,	見ると、
155　noya pon ku	蓬の小弓に
156　noya pon ay	蓬の小矢を
157　uweunu	つがえて
158　un=etunankar	むこうから、
159　sanca otta	ニコニコ
160　mína kane	して、
161　yokoyoko,	私をねらっている。
162　sirki ciki	それを見て
163　ci=emina rusuy.	私は可笑しく思った。
164　"ene an pon noya ay	「あんな小さな蓬の矢、
165　neyke a=unin pe tan ？" ari	何で人が苦しむものか」と
166　yaynu=as kane	思いながら
167　ci=notsep hum	私は牙を
168　tawnatara,	打鳴らして
169　kitayna wano	頭から
170　ci=ruki kusu	呑もうと
171　ikici=as awa,	したら
172　rápoke ta	其の時
173　néa okkayo	あの男は
174　ci=oksutu péka	私の首っ玉を
175　un=sirkocotca,	したたかに射た。
176　patek ne tek	それっきり
177　nékon ne ya	何うしたか
178　ci=eramiskare.	わからなくなってしまった。
179　hunakpake ta	ふと
180　yaysikarun=as,	気がついて
181　inkar=as awa	見たところが
182　poro catay	大きな龍の

—146—

153 [soy(外)o(〜に)terke(飛び出す)]

157 [u(互いに)w(挿入音)e(そこに)unu(〜を〜につける)]

158 [un=(私に)etunankar(に向かって)]

159 [san(前の)ca(口)]　otta 〜で。

160 mín 笑う。kane 〜しながら。

161 yoko ねらっている。

163 [ci=(私)emina(〜を笑う)]　rusuy 〜したい。

164 ene そのように。an ある。pon 小さい。
noya よもぎ。ay 矢。

165 neyke 何で。[a=(人が)unin(〜を痛がる)]　pe もの。
tan これ。強意。ari 〜と。

166 [yaynu(思う)=as(私)]　kane 〜しながら。

174 [ci=(私)ok(首)sutu(の根元)]　péka 〜を。

175 [un=(私に)sirko(強く / ひどく)cotca(〜を射る)]

177 nékon どのように。ne である。ya 〜か。

178 [ci=(私)eramiskare(覚えがない)]

179 {hunak どこ。pake 〜の上。ta 〜で。} = ふと。

180 [yay(自身)sikarun(思い出す)=as(私)]

182 poro 大きな。catay 龍。

神謡の接辞　人称接辞⑤　不定人称

（1）一般称 不定の「人」（受身の文にもなる）

1-71　a=koéraman(人が〜わかる)

1-202　a=kosírepa(人が〜に到着する)

1-343　a=piyé(人が馬鹿にする) →(〜は馬鹿にされる)

1-344　a=koréwen(人がいじめる) →(いじめられる)

1-441　a=mire(人が着せる) →(着せられる)

—147—

第5話　谷地の魔神が自ら歌った謡「ハリツクンナ」

183	asurpe utut ta	耳と耳の間に
184	okay=as kane	私はい
185	okay=as.	た。
186	kotan kor utar	村の人々が
187	uwekarpa,	集まって、
188	néa ci=nospa okkaypo	あの私が追っかけた若者が
189	aripawekur	大声で
190	tenke kane,	指図をして、
191	ci=raykewehe	私の屍体を
192	ukotata,	みんな細かに刻み
193	sine an hi un	一つ所へ
194	rurpa wa	運んで
195	uhuyka wa	焼いて
196	ne pasuhu	其の灰を
197	kimun iwa	山の岩の
198	iwa osmake	岩の後へ
199	kocari wa isam.	捨ててしまった。
200	tap easir	今になってはじめて
201	inkar=as ko,	見ると、
202	oyaciki,	それは、
203	yayan aynu	ただの人間
204	use okkaypo	ただの若者
205	ne kuni	だと
206	ci=ramu awa,	思ったのは
207	Okikirmuy	オキキリムイ
208	kamuy rametok	神の勇者
209	ne awan.	であった。
210	astoma wen kamuy	恐ろしい悪い神、
211	nitne kamuy	悪魔神、
212	ci=ne ki wa,	私はそれであって
213	aynu kotan	人間の村の

—148—

183 asurpe 耳。utur(r → t)〜の間。ta 〜に。

184-5 [okay(いる)=as(私)] kane 〜しながら。

186 kotan 村。kor 〜の。utar 人々。

187 [u(互いに)w(挿入音)ekarpa(〜に向かって)]=集まる。

189-190 [ar(全く)i(人)pawetenke(〜に指図する)] kur は pawe と tenke の間に入った音調整のための助辞。

191 [ci=(私の)ray(死)kewehe(の体)]

192 [uko(ともに)tata(〜をたたいてきざむ)]

193 sine 一つの。an ある。hi ところ。un 〜へ。

194 rurpa 運ぶ。wa 〜して。

195 [uhuy(燃える)ka(他動詞化)] wa 〜して。

196 ne その。pasuhu 灰。

197 [kim(山)un(にある / の)] iwa 岩。

199 [ko(〜に)cari(〜を散らす)] wa して。isam しまう。

200 tap このとき。easir 初めて。

202 oyaciki なるほど。

206 [ci=(私)ramu(〜と思う)] awa 〜したが。

209 ne である。awan 意外にも〜であった。

212 [ci=(私)ne(〜である)] ki は音節数調整の虚辞。

神謡の接辞 人称接辞⑥ 不定人称

（2）a=un= 人が私を → 私は〜される

1-540 a=un=kóonkami(人が私に対して拝礼する)
　　　　　　　　　→(私は拝される)

第5話　谷地の魔神が自ら歌った謡「ハリツクンナ」

214	koehankeno	近くに
215	okay=as wa,	いるので
216	Okikirmuy	オキキリムイは
217	kotan eyam kusu,	村の為を思って、
218	un=simemokka	私をおこらせ
219	un=sinospare wa,	自分を追いかけさせて、
220	noya ay ari	蓬の矢で
221	un=rayke ruwe	私を殺したの
222	ne rok okay.	であった。
223	orowa,	それから、
224	hoskino	先に
225	ci=oanruki	私が呑んでしまった
226	rerek aynu anak,	青い男は、
227	aynu ne kuni	人間だと
228	ci=ramu awa,	思ったのだったが
229	oyaciki	それは、
230	Okikirmuy	オキキリムイが
231	eosoma p	その放糞を
232	aynu ne kar wa,	人に作り
233	tura wa ek	それを連れて来た
234	ruwe ne awan.	のであった。
235	nitne kamuy	私は魔神
236	ci=ne a kusu,	であったから
237	tane anakne	今はもう
238	pokna mosir	地獄の
239	arwen mosir un	おそろしい悪い国に
240	a=un=ómante kusu,	やられたのだから
241	téwano anak	これからは、
242	aynu mosir	人間の国には、
243	nep a=koéyam pe ka isam,	何の危険もない、
244	a=eérannak pe ka	邪魔ものも

—150—

214 [ko（〜に）e（そこで）hanke（近い）no（副詞化辞）]

217 kotan 村。eyam を大切にする。kusu ために。

218 [un（私に）simemok（喧嘩をしかける）ka（他動詞化）]

219 [un（私に）si（自分）nospa（を追う）re（させる）] wa〜て。

221 [un（私を）rayke（を殺す）]　ruwe〜の。

222 ne である。[rok（〜た）okay（ある）]=awan の複数形。
　　意外にも〜だった。幸恵は awan, awokay, rokokay の
　　3通りを各所で使っている。

229 oyaciki なるほど、それは。

231 [e（〜に）osoma（大便する）] p もの。

232 aynu 人間。ne〜に。kar〜を作る。wa〜して。

233 tura 連れ立つ。wa〜して。ek 来る。

234 ruwe こと/の。ne である。awan〜だったのだ。

236 [ci=（私）ne（である）] a った（完了）。kusu〜ので。

235 [pok（下）na（の方）]　mosir 国。世界。

239 [ar（まったく）wen（悪い）] un〜へ。

240 [a=（人）=un（私を）oman（行か）te（〜せる）]　kusu ので。

241 téwano これから。anak〜は。

243 nep 何。[a=（人）ko（について）eyam（を危うく思う）]
　　pe もの。ka も。isam ない。

244 [a=（人）e（について）erannak（〜がいやだ）]　pe もの。

神謡の接辞 人称接辞⑦　不定人称

（3）引用文（会話文）中の自称 =an 「私」;「私たち」

1-466　paye=an　（私たちは行く）

1-522　uwekatayrotke=an　（私たちは仲良くする）

1-523　ukopayekay=an　（私たちは行き来し合う）

第5話　谷地の魔神が自ら歌った謡「ハリツクンナ」

245	isam nankor.	ないであろう。
246	astoma nitne kamuy	私は恐ろしい魔神
247	ci=ne a korka,	であったけれども
248	sine aynupito	一人の人間の
249	cinupurkasure	計略に
250	un=ekarkar,	まけて
251	tane anakne	今はもう、
252	toy ray wen ray	つまらない死方、悪い死方を
253	ci=ki siri tapan,	するのです。
254	ari nitat or un nitne kamuy yayeyukar.	と谷地の魔神が物語りました。

神謡の接辞　人称接辞⑧　不定人称

（4）引用文（会話文）中の自称 a=「私」;「私たち」

1-94　a=kor　（私は〜を持つ）

1-174　a=ki　（私は〜をする）

1-247　a=eóripak　（私たちは〜に畏れ慎む）

1-253　a=rewsire　（私たちは〜を泊める）

1-257　a=ománte　（私たちが〜を送る）

1-469　a=emína　（私たちは〜を笑う）

1-505　a=ne　（私どもが〜である）

1-508　a=eáykap　（私たちが〜できない）

1-521　a=ne　（私たちは〜である）

1-526　a=korámkor　（私は〜と相談する）

（5）引用文中の自称・目的格 =un「私に」

1-516　a=un=kásnukar（人が私に恵む）＝恵みをいただく

245　isam ない。nankor ～だろう。

249　[ci（自ら）nupur（霊力がある）kasu（～しすぎる）
　　　re（させる）]　わけがわからなくなる。名詞化し、
　　　ekarkar の目的語になる。

250　[un＝（私に）ekarkar（～に～をする）]　中相表現。

252　toy ひどい。ray 死。wen 悪い。ray 死。

253　[ci＝（私）ki（をする）]　siri ～こと。tapan ～です。

254　ari ～と。nitat 谷地。or 所。un の。
　　　nitne kamuy 魔神。[yay（自身）eyukar（を語った）]。

神謡の接辞　人称接辞⑨　不定人称

（6）引用文（会話文）中の2人称 a＝　＝an　敬称「あなた様」

1-401　a=un=ékarkar（あなた様が私どもに～をする）
　　　　　　　　　　　→（私どもが～していただく）

1-387　i=kar=an（あなた様が私たちに～をする）

（7）目的格形 i　「私（たち）に」（引用文中で）

1-175　i=etusmak（私たちの先回りをする）

1-387 i=kar=an（あなた様が私たちに～をする）

（8）目的格形 i　「人を / に / の」「ものを / に / の」

1-66, 78　iyeutanne（人々に～で仲間になる）

1-70　imi（ものを着る）　1-163　iyosi（私たちの後）

1-182　iki（ものごとをする）

1-235　iyayraykere（人に感謝する）

1-386　iyosserekere（人を畏れる）

1-559, 583　iku（ものを飲む）

—153—

第6話　小狼の神が自ら歌った謡「ホテナオ」

6　Pon horkewkamuy yayeyukar

"Hotenao"

1	sinean to ta	或日に
2	nismu=as kusu	退屈なので
3	pis ta sap=as,	浜辺へ出て
4	sinot=as kor	遊んで
5	okay=as awa,	いたら
6	sine pon rupne aynu	一人の小男が
7	ek kor an wa kusu,	来ていたから、
8	hepasi san ko	川下へ下ると
9	hepasi ci=etusmak,	私も川下へ下り、
10	heperay ek ko	川上へ来ると
11	heperay ci=etusmak,	私も川上へ行き道をさえぎった。
12	ikici=as awa,	すると
13	hepasi iwan ^y suy	川下へ六回
14	heperay iwan ^y suy	川上へ六回
15	neita pon rupne aynu	になった時小男は
16	kor wenpuri	持前の癇癪を
17	enan tuyka	顔に
18	eparsere,	表して
19	ene itaki：——	言うことには
20	"pii tuntun,	「ピイ
21	pii tuntun ！	ピイ
22	tan hekaci	此の小僧め
23	wen hekaci	悪い小僧め、
24	e=iki ciki,	そんな事をするなら
25	tan esannot	此の岬の
26	teeta réhe	昔の名と
27	tane réhe	今の名を

第6話　小狼の神が自ら歌った謡
「ホテナオ」

[題名]　pon 小さい。horkew オオカミ。

2　[nismu（退屈である）=as（私）]　kusu ～ので。

3　pis 浜。ta ～に。[sap（出る）=as（私）]

4　[sinot（遊ぶ）=as（私）]　kor ～しながら。

6　sine 一つの。pon rupne aynu 小さい大人の人。

7　ek 来る。kor an しつつある。wa kusu ～ので。

8　[he（頭を）pa（川下に）asi（を立てる）]= 川下の方へ。
　　san（彼が）出る。ko ～と。

9　[ci=（私）e（～で：川下へ下ることで）tusmak（と争う）]

10　[he（頭を）pe（川上）ray（< raye；行かせる）]= 川上へ。

12　[iki（物事をする）ci（複数語尾）=as（私）] awa ～すると。

13-4　iwan 六つの。s 音の前で n → y。suy 回。

15　[ne（になる）i（とき）ta（～に）]

16　kor（彼が）持っている。[wen（悪い）puri（性格）]

17　[e（～で）nan（顔）　tuyka ～の上。

18　[e（～で）par（擬音）se（音を立てる）re（させる）]　parse
　　は火が音を立てて燃えることをいうが、ある表情が
　　顔面に表される状態をいう。

19　ene このように。[itak（言う）i（こと）]

20-1　pii tuntun pii tuntun は全部で4回出てくるが幸恵の
　　訳語は「ピイ」→「ピイトン」→「ピイトントン」
　　と漸増させてある。

25　[e（その先）san（出ている）not（あご）] >岬。

26　te' eta 昔。[re（名）he（所属形語尾）]= ～の名。

27　tane 今。réhe の名。

第6話　小狼の神が自ら歌った謡「ホテナオ」

28　ukaepita	言解いて
29　e=ki kus ne na ！”	見ろ」
30　hawas ciki	私は聞いて
31　ci=emina kor	笑いながら
32　itak=as hawe	いうこと
33　ene okay:——	には……
34　“nennamora	「誰が
35　tan esannot	此の岬の
36　teeta réhe	昔の名と
37　tane réhe	今の名を
38　erampewtek a ！	知らないものか！
39　teeta anak	昔は、
40　sin nupur kusu	尊いえらい神様や人間が居ったから
41　tapan esannot	此の岬を
42　‘Kamuyesannot’ ari	神の岬と
43　a=ye a korka	言ったものだが、
44　tane anakne	今は
45　sir pan kusu	時代が衰えたから
46　‘Inawesannot’ ari	御幣の岬と
47　a=ye ruwe	よんで
48　tasi an ne ！”	いるのさ！」
49　itak=as awa	云うと、
50　pon rupne aynu	小男の
51　ene itaki:——	いうことには
52　“pii tuntun	「ピイトン
53　pii tuntun ！	ピイトン
54　tan hekaci,	此の小僧め
55　sonno he tap	本当に
56　e=hawan ciki	お前はそういうなら
57　tapan petpo	此の川の

—156—

28 [uka(互いに)e(について)pita(を解く)]

29 [e=(お前)ki(をする)] kus ne na(〜してみよ)。

30 [haw(声)as(する)] ciki 〜ので。

31 [ci=(私)emina(〜を笑う)] kor 〜ながら。

32 [itak(言う)=as(私)] hawe 〜の声。 >こと。

33 ene このように。okay ある。

34 [nen(誰)nam(さえ)orowa(そこから)]{金ユ集IV7023}

38 erampewtek 〜を知らない。a=ya(〜か;反語)

40 sin sir(時代)の音素交替。nupur 霊力がある。

43 [a=(人)ye(言う)] a 〜た(過去)。korka けれども。

44 tane 今。anakne 〜は。

45 sir 時代。pan 衰微する。kusu 〜ので。

46 inaw 木幣(木を削ってつくったアイヌの幣)。

47 ruwe 〜(している)こと。

48 tasi 強調。an ある。ne である。

54 tan この。hekaci 少年。

55 sonno 本当に。he 〜か(疑問)。tap これ。

56 [e=(お前)haw(声)an(ある)]=お前が言う。ciki なら。

57 tapan この。[pet(川)po(指小辞)]

神謡の接辞 目的語指示接頭辞 e- ①

　動詞の語幹に接頭し、前の名詞句で表されることがらとの関係を示す接辞。同種のものに、ko- や o- があります。
①〜で。〜を用いて。〜に関して。〜するために。
②〜と一緒に。③〜において。〜に。〜へ。

　これが接頭することにより、動詞の取り得る目的語の数が一つ増えるので、自動詞につくと他動詞になります。

第6話　小狼の神が自ら歌った謡「ホテナオ」

58	teeta réhe	前の名と
59	tane réhe	今の名を
60	ukaepita	言って
61	e=ki kus ne na."	見ろ。」
62	háwas ciki	聞くと、
63	itak=as hawe	私の言うこと
64	ene okay:──	には
65	"nennamora	「誰が
66	tapan petpo	此の川の
67	teeta réhe	前の名
68	tane réhe	今の名を
69	erampewtek a !	知らないものか！
70	teeta kane	昔、
71	sin nupur hi ta	えらかった時代には
72	tapan petpo	此の川を
73	'Kanciwetunas' ari	流れの早い川と
74	a=ye a korka	言っていたのだが
75	tane sir pan kusu	今は世が衰えているので
76	'Kanciwemoyre' ari	流れの遅い川と
77	a=ye ruwe tasi an ne !"	言っているのさ。」
78	itak=as awa	云うと
79	pon rupne aynu	小男の
80	ene itaki:──	云うことには
81	"pii tuntun	「ピイトントン
82	pii tuntun !	ピイトントン
83	sonno he tap ne	本当にお前そんな
84	e=hawan ciki,	事を云うなら
85	usinritpita	お互いの素性の解合いを
86	a=ki kus ne na !"	やろう。」
87	háwas ciki	聞いて
88	itak=as hawe	私の云うこと

—158—

73　kanciw 氷交じりの流水？ [kan（上の）ciw（流れ）] ？
　　[kanciw（流水）e（で）tunas（早い）]

76　moyre 遅い。

85　[u（互い）sinrit（素性）pita（解く）]　素性＝「先祖」「出自」

86　29や61では、e=ki kus ne na！だったが、ここでは
　　a=ki kus ne na！に変っていることに注意。
　　[a=（私たち）ki（をする）]　この a=（私たち）は、話相
　　手を含めた包括的1人称複数を表す。

神謡の接辞　目的語指示接頭辞 e-　②

　第1話の最初に出てくるのが、1-23の euwesinot です。
この語には、接頭辞が三つ、e-、u-、e- と出てきます。

　いちばん幹になるのは sinot（遊ぶ）で、これは自動詞で
す。自動詞は主語をとるだけですから

　　　　aynu hekattar sinot.

が幹になります。しかし sinot の直前に e- という接頭辞が
つくと、e-sinot（と一緒に遊ぶ）という他動詞になり、目的
語をとることになります。この場合その前の u-（互い）が
目的語の代わりになりますので、u-e-sinot で「互いと一緒
に遊ぶ」となります。u- という接頭辞は目的語のとる数
を一つ減らすので、結局 uwesinot は目的語を取らない自
動詞になります。

　しかし、その前にもうひとつの e- という接頭辞がつい
ていますから、再び目的語を取る手がついて他動詞になり
ます。その e-（～で）の目的語は何かといえば、前の2行「お
もちゃの小弓と小矢」で、「それをもって互いと一緒に遊ぶ」
となります。以下第1話の用例の単語をあげます。

—159—

第6話 小狼の神が自ら歌った謡「ホテナオ」

89	ene okay:──	には
90	"nennamora	「誰が
91	e=sinricihi	お前の素性を
92	erampewtek a！	知らないものか！
93	otteeta	大昔、
94	Okikirmuy	オキキリムイが
95	kim ta oman wa,	山へ行って
96	kuca kar hi ta	狩猟小舎を建てた時
97	kene inunpe	榛の木の炉縁を
98	kar ayke	作ったら
99	ne inunpe	その炉縁が
100	ape kar wa	火に当って
101	sattek okere,	からからに乾いてしまった。
102	Okikirmuy	オキキリムイが
103	oar arkehe	片方を
104	oterke ko	踏むと
105	oar arkehe	片一方が
106	hotari.	上る、
107	ne wa an pe	それを
108	Okikirmuy	オキキリムイが
109	ruska kusu	怒って
110	ne inunpe	其の炉縁を
111	pet otta	川へ
112	kor wa san wa,	持って下り
113	osura wa	捨てて
114	isam ruwe ne.	しまったのだ。
115	orowano	それから
116	ne inunpe	其の炉縁は
117	pet esoro	流れに沿うて
118	mom ayne no,	流れていって

―160―

93 [or(強調。次の t 音の前で r が t に音素交替)teeta(昔)]

95 kim 山。ta 〜へ。oman 行く。wa 〜して。

96 kuca 狩り小屋。猟のために滞在する山中の小屋。
kar 〜を作る。hi とき。ta 〜に。

97 kene 榛の木。inunpe 炉ぶち。

98 kar 〜を作る。ayke 〜すると。

99 ne その。inunpe 炉縁。

100 ape 火。kar 〜に当たる。wa 〜て。

101 [sat(乾く)tek(ちょっと〜する)] okere してしまう。

103 oar 片方の。[ar(一つの)ke(の所)he(所属形語尾)]
105と対称させて「一方の片方」を表している。

104 [o(〜ところで)terke(跳ねる / 踏む)] ko 〜と。

105 oar arkehe もう一方の片方。

106 [ho(尻)tari(を上げる)]

109 ruska を怒る。kusu 〜ので。

111 pet 川。[or(の所。次の t 音の前で r → t)ta(〜で)]

112 kor を持つ。wa 〜して。san(川下へ)行く。

113 osura 〜を捨てる。

114 isam(〜して)しまった。ruwe ne のである。

118 mom(物が水中などを)流れる。ayne no 〜するにつれて。

神謡の接辞 目的語指示接頭辞 e- ③

1-35 e-hoyuppa 1-54 u-e-unu 1-66 e-utanne
1-87 e-uminare 1-141 e-sikari 1-144 e-kisarsutu
1-151 u-e-tusmak 1-210 e-isoitak 1-247 e-oripak
1-303 e-sikte 1-317 e-karkar 1-322 e-tomte

第6話　小狼の神が自ら歌った謡「ホテナオ」

119	atuy oro osma,	海へ出で、
120	tu atuy penrur	彼方の海
121	re atuy penrur	此方の海波
122	ciesirkik siri	に打つけられる様を
123	kamuy utar	神様たちが
124	nukar wa,	御覧になって、
125	a=eóripak	敬うべきえらい
126	Okikirmuy	オキキリムイの
127	tekekarpe	手作りの物が
128	néeno	其の様に
129	yayerampewtek wa	何の役にもたたず
130	mom ayne no	迷い流れて
131	atuykomunin	海水と共に腐ってしまうのは
132	a=enúnuke kusu,	勿体ない事だから
133	kamuy utar orowa	神様たちから
134	ne inunpe	其の炉縁は
135	ceppo ne a=kar wa	魚にされて
136	'Inunpepeceppo' ari	炉縁魚と
137	a=rekóre ruwe ne.	名づけられたのだ。
138	awa,	ところが
139	ne inunpepeceppo,	其の炉縁魚は、
140	yaysinrit	自分の素性が
141	erampewtek wa	わからないので、
142	aynu ne yaykar wa	人にばけて
143	iki kor an,	うろついている。
144	ne inunpepeceppo	その炉縁魚が
145	e=ne ruwe tasi an ne."	お前なのさ。」
146	itak=as awa,	云うと、
147	pon rupne aynu	小男は
148	iporoho ka	顔色を
149	wen a wen a	変え変え

119 atuy *海*。oro ～の所。～の中。osma に入る。

120-1 tu ～ , re ～の構文は、「多くの」の意。

atuy *海*。penrur ふち。

122 [ci(自ら)e(～に)sirkik(ぶつける)]= ぶつけられる。

125 [a=(人)eoripak(を敬う)]

127 [tek(手)e(で)kar(を作る)pe(もの)]

128 néeno néno(～のように)の強調形。

129 [yay(自分)erampewtek(がわからない)]= ①意識を失う。②何もわからない。{田村辞典}

131 [atuy(*海*)ko(とともに)munin(くさる)]

132 [a=(人)enunuke(をたいせつにする)] kusu ～ので。

135 [cep(魚)po(指小辞)] ne ～に。
[a=(人)kar(を作る)] wa ～して。

136 [inunpe(炉ふち)ipe(食事する)ceppo(魚)]= タチウオ。

137 [a=(人)re(名)kore(を持たせる)] ruwe ne のである。

142 [yay(自分)kar(を作る)]= 化ける。

143 iki 物事をする。kor an ～しつつある。

148 iporoho ～の顔色。ka ～の上。

神謡の接辞 目的語指示接頭辞 e- ④

1-346 e-rampoken	1-354 e-ramante
1-368 yay-e-kote	1-393 e-yayrayke
1-405 e-onkami	1-429 e-uwenewsar
1-436 e-pararse	1-464 e-unahunke
1-469 e-mina	1-472 u-e-utanne
1-477 e-homatpa	1-508 e-aykap
1-511 e-rampokiwen	1-533 u-ka-e-noypa

第6話　小狼の神が自ら歌った謠「ホテナオ」

150	ikokanu wa an ayne	聞いていたが
151	"pii tuntun,	「ピイトントン、
152	pii tuntun !	ピイトントン！
153	eani anak	お前は、
154	Pon Horkewsani	小さい、狼の子
155	e=ne ruwe	なの
156	tasi an ne."	さ。」
157	itak kese ta	云い終ると直ぐに
158	atuy orun	海へ
159	terke humi	バチャンと
160	copkosanu,	飛込んだ。
161	ósi inkar=as awa,	あと見送ると
162	sine húre ceppo	一つの赤い魚が
163	honoyanoya wa	尾鰭を動かして
164	too herepasi	ずーっと沖へ
165	oman wa isam.	行ってしまった。
166	ari Pon Horkew kamuy isoitak.	と、幼い狼の神様が物語りました。

---

uwenewsar と uwepeker

　前述のように、sinot（遊ぶ）は自動詞、esinot（と一緒に遊ぶ）が他動詞、uwesinot（互いと一緒に遊ぶ／みんなで遊ぶ）は自動詞でした。

　幸恵の脚注・第1話(12)によると、newsar とは種々の世間話をするのも、神謠や昔話も newsar といったとあります。ですから、uwenewsar（みんなで語り合う）や uwepeker（昔話；「みんなで明るくなる」の意）もみんなで集まって楽しむことでした。

　大人の sinot（遊ぶ）は歌や踊りのことにも言います。「歌」を表す sinotca シノッチャは [sinot（遊ぶ）sa（ふし）] の意味です。

—164—

149 ～a～a の構文。「くりかえし～する」の意。

150 [i(もの)kokanu(に聞き入る)] wa ～て。an いる。
ayne ～したあげく。～してとうとう。

153 eani 2人称の代名詞。「お前」。anak ～は。

154 pon 小さい。[horkew(オオカミ)sani(～の子)]

155 [e=(お前)ne(である)] ruwe ～こと。～の。

157 itak 言葉。kese の末端。ta ～に。～で。

159 terke とびこむ。humi ～の音。

160 [cop(擬音;水の音)kosanu(急にする)]

161 ósi ～の後。

162 sine 一つの。húre 赤い。

163 [ho(尻)noyanoya(もみ草;よもぎ {久保寺})]

164 to'o「トー」と読まず、「トオ」と読む。ずっと。
[he(頭を)rep(沖)asi(立てる)]= 沖へ向かって。

165 oman 行く。wa ～して。isam ～(して)しまう。

166 ari ～と。Pon Horkew kamuy 幼い狼の神様。
[iso(猟)itak(はなし)] >身の上話をする。

[素性を解くこと]「素性」のことをアイヌ語で、motoorke(元、根元、出自)といいますが、どんな魔神も、その身の素性を知られたものには、その魔力や呪力が失われてしまうと信じられていました。

神謡の接辞 目的語指示接頭辞 e- ⑤

1-538 e-ukoitak   1-550 u-e-newsar

1-537 u-e-katayrotke   1-563 e-ramusinne

1-575 e-sikte   1-626 e-horari

1-628 e-punkine

第7話　梟の神が自ら歌った謡「コンクワ」

7　Kamuycikap kamuy yayeyukar

"Konkuwa"

1	"teeta kane	昔
2	itak=as hawe	私の物言う時は
3	karinpa un ku	桜皮を巻いた弓の
4	ku num noski	弓把の央を
5	cawcawatki	鳴り渡す
6	koraci tapne	如くに
7	itak=as hawe	言ったので
8	okay awa,	あったが
9	tane rettek=as	今は衰え
10	tane onne=as	年老いて
11	ki humi okay.	しまった事よ。
12	ne wa ne yakka	けれども
13	nenkata usa	誰か
14	pawetok kor wa,	雄弁で
15	sonko otta	使者としての
16	yayotuwasi p	自信を持ってる者
17	an yakne,	があったら
18	kanto orun	天国へ
19	sonko emko	五つ半
20	eiwan sonko	の談判
21	ci=euytekkar	を言いつけてやりたい
22	okay" ari	ものだ。」と
23	kutosintoko	たが付のシントコ
24	puta kasike	の蓋の上を
25	ci=oreporep kor	たたきながら
26	itak=as awa,	私は云った、ところが
27	apa otta	入口で
28	kanakankunip	誰かが

—166—

第7話　梟の神が自ら歌った謡
「コンクワ」

1　kane 状態持続の助詞。teeta kane 以前には。

2　hawe ～の声。

3　karinpa サクラの木の皮。un ～のつく。ku 弓。

4　ku num 弓柄。noski ～の真ん中。

5　[caw(擬音：ブン)caw(繰り返し)atki(自動詞化語尾)]

6　koraci ～のように。tapne 強調の助詞。～こそ。

9　[rettek(老い衰える)=as(私)]

10　onne 年老いた。前行と対句で同じ意味。

11　humi ～感じ。ki humi okay ～した感じがある。

12　常套句。そうではあるけれども。

13　[nen(だれ)ka(疑問代名詞や副詞について意味を強める)ta(強め)]　usa 強め。

14　[pa(口)w(挿入音)etok(すぐれている)]= 雄弁。kor を持つ。wa ～て。

15　sonko 言づて。伝言。otta において。

16　[yay(自分)otuwasi(～を自負する)]　p 者。

17　an ある。いる。yakne もし～ならば。

18　kanto 天。[or(の所)un(～へ)]

19　emko 半分。

20　[e(～で)iwan(六つ)] 前行の emko から連続して、「半分で六つ」つまり「五つ半」ということ。

21　[ci=(私)e(～で)uytek(召し使う kar(をする)]

22　okay 強い願望を表す終助詞。ari ～と。

23　[kut(帯)o(ついている)sintoko(酒器)]

24　puta ふた。kasike ～の上。

—167—

第7話　梟の神が自ら歌った謡「コンクワ」

29	"nen un=mosma	「私をおいて誰が
30	sonko otta	使者として
31	pawetok kor wa	雄弁で
32	yayotuwasi ya" ari,	自信のあるものがあるでしょう」と
33	itak wa kusu	いうので
34	inkar=as awa	見ると
35	paskur okkayo	鴉の若者
36	ne kane an.	であった。
37	ci=ahunke wa,	私は家に入れて、
38	orowano	それから、
39	kutosintoko	たがつきのシントコの
40	puta kasike	蓋の上を
41	ci=oreporep kor	たたきながら
42	paskur okkayo	鴉の若者を
43	ci=uytek kusu,	使者に立てる為
44	ne sonko	其の談判を
45	ci=ye ayne	云いきかせて
46	rerko síran,	三日たって
47	re sonko patek	三つ目の談判を
48	ci=ye rápok ta	話しながら
49	inkar=as awa,	見ると
50	Paskur okkayo	鴉の若者は
51	inumpe osmak	炉縁の後
52	koheracici.	で居眠りをしている、
53	sirki ciki	それを見ると、
54	wen kinra ne	癪に
55	un=kohetari	さわったので
56	Paskur okkayo	鴉の若者を
57	ci=rapkokikkik,	羽ぐるみ引ぱたいて
58	ci=rayke wa isam.	殺してしまった。

25 [ci=(私)orep(〜をたたく)orep(反復)]　kor 〜ながら。
27 apa 入り口。
28 [kanak(どんな)an(ある)kuni(べき)p(もの)]
29 nen だれ。[un=(私)mosma(〜のほかに)]
35 paskur カラス。okkayo 男。青年。
36 ne である。kane an 〜ている(持続態)。
37 [ci=(私)ahun(入る)ke(させる)]　wa 〜して。
43 [ci=(私)uytek(使者に立てる)]　kusu 〜ために。
44 ne その。sonko 言づて。
45 [ci=(私)ye(言う)]　ayne 〜したあげく。
46 rerko 三日間。síran 時がたつ。
47 re 三つの。sonko 言づて。patek 〜だけ。
48 rápok 〜している間。ta 〜に。
52 [ko(〜で)he(頭)racici(をだらりとぶらさげる)]
居眠りのようす。
54 wen 悪い。kinra 物狂い。激しい感情でわれを忘れること。ne 〜に。
54 [un(私に)ko(〜で)he(頭)tari(〜を上げる)]
激しい怒りの感情が自分に
湧き起こったということ。
57 [ci=(私)rap(羽) ko(とともに) kikkik(〜を打つ)]
58 [ci=(私が) rayke(〜を殺す)]
wa isam 〜てしまう。

クトシントコ

—169—

第7話 梟の神が自ら歌った謡「コンクワ」

59	orowano suy	それから又
60	kutosintoko	たがつきのシントコの
61	puta kasike	蓋の上を
62	ci=orep kor,	たたきながら
63	"nenkata usa	「誰か
64	sonko otta	使者として
65	yayotuwasi p	自信のある者が
66	an yakne	あれば
67	kanto orun	天国へ
68	sonko emko	五つ半の
69	eiwan sonko	談判を
70	ci=euytekkar okay" ari,	言いつけてやりたい。」と
71	itak=as awa,	言うと、
72	hemanta suy	誰かがまた
73	apa orun	入口へ
74	"nen un=mosma	「誰が私をおいて、
75	pawetok kor wa	雄弁で
76	kanto orun	天国へ
77	a=uytek noyne an pe	使者に立つほどの者が
78	okay hawe."	ありましょう。」
79	itak wa kusu,	云うので
80	inkar=as awa	見ると
81	Metoteyami	山のかけす
82	ne kane an.	であった。
83	ci=ahunke wa	家へ入れて
84	orowano suy	それからまた
85	kutosintoko	たが付のシントコ
86	puta kasike	の蓋の上を
87	ci=orep kor	たたきながら
88	sonko emko	五つ半の
89	eiwan sonko	談判を

59 orowano それから。suy また。

72 hemanta 何。

77 [a=(人が)uytek(～を召し使う)]= 召し使われる。
noyne ～らしく。an ある。pe 者。

78 okay ある。hawe ～こと。74行目の nen(誰が)は、こ
こまでかかっており、「誰が～あることか」となる。

81 [metot(山中)eyami(カケス)]

吉田　巌「アイヌの飢饉について」

　アイヌの飢饉とは何か。アイヌは漁猟本位の民族であったから、主として漁猟の収穫が無いのを何よりの苦痛とした。(中略)それで鮭鹿等の漁猟のない年は、他の草根木皮などを之に代へたれども、其の貯へは限りがあって、餓えて斃れた例は昔から決して少なくはない。これが飢饉(ケカチ)といって最も恐怖したものであった。この場合は殆ど拠ぶ処なく、食物に充てられはしたが、中にも竹の実をカムイアママと称して食糧にした。カムイは神、アママは食物の義である。そして竹笹の類は、本道では殊に前者に於て頗る少ないから得ることが稀で、珍重されたのである。

　或年のこと、例の飢饉に日高国沙流のアイヌ、石狩国シコツについて食にありつかうとして僅か一椀の粟の粥(あわ)を饗せられた時、嬉しさのあまり一粒でも故郷の妻子に味はせたいとの一念より、主人の目を盗む計りに、萱の箸で食べながらその空管の中に粟の幾部分のつまりたるものを持ちかへり、やっとのこと湯にとかして頒(わ)け与へたといふ昔噺があるが、何と愛情の切であって、最後まで親睦(こまや)の濃やかであったかを察するに余りある、と共に当時の苦辛の一般を想察しえて涙をさへ禁ずることができないのである。

(『蝦夷往来』第 2 号、1931(昭和 6)年)

第7話　梟の神が自ら歌った謡「コンクワ」

90	ci=ye wa	話して
91	íne rerko síran,	四日たって、
92	íne sonko	四つの用向を
93	ci=ye rápok ta	言っているうちに
94	Metoteyami	山のかけすは
95	inumpe osmak	炉縁の後で
96	koheracici.	居眠りをしている、
97	ci=ruska kusu	私は腹が立って
98	Metoteyami	山のかけすを
99	ci=rapkokikkik	羽ぐるみひっぱたいて
100	ci=rayke wa isam.	殺してしまった。
101	orowano suy	それからまた
102	kutosintoko	たが付のシントコ
103	puta kasike	の蓋の上を
104	ci=orep kane,	たたきながら
105	"nenkata usa	「誰か
106	pawetok kor wa	雄弁で
107	sonko otta	使者として
108	yayotuwasi p	自信のある者が
109	an yakne	あれば、
110	kanto orun	天国へ
111	sonko emko	五つ半の
112	eiwan sonko	談判を
113	ci=kore okay."	持たせてやりたい。」
114	itak=as ayke,	と云うと、
115	kanakankuni p	誰かが
116	oripak kane	慎深い態度で
117	siaworaye,	はいって来たので
118	inkar=as awa	見ると

—172—

91 íne 四つの。rerko ～日間(四日以上のときに用いる)。
つまり、íne rerko で四日間。síran 時がたつ。

92 íne sonko 四つの言づて。

93 [ci=(私)ye(言う)] rápok ～している間。ta ～に。

97 [ci=(私)ruska(～に腹を立てる)] kusu ～ので。

104 25,62,87行目では、ci=orep kor だったが、ここでは、
ci=orep kane となっている。「たたきながら」と、kor
と kane が同じ持続態の助詞として使われている。

113 [ci=(私)kore(～を持たせる)] okay ～したい。

114 [itak(話す)=as(私)] ayke ～すると。

116 oripak おそれ慎む。kane ～しながら。

117 [si(自分を)aw(内)o(～に)raye(～に寄す。～にやる。
～に行かせる)]= 内へはいってくる。

神謡の接辞 目的語指示接頭辞 ko- ①

さきにあげた同類の e- につづいて、ko- をとりあげます。
①(物や人を表す名詞句を目的語として) ～に。～に対して。
～に向かって。～と一緒に。
②(場所を表す名詞句を目的語として) ～に。～で。
以上のような意味で使われます。

1-71 a=ko-éraman (人が)について(わかる)

1-124 ci=ko-sikarinpa (私が)そこで(クルクルまわす)

1-131 si-ko-ruki (自分)に向かって(唇を飲み込む)

1-133 un=ko-tusura (わたし)に対して(放つ)

1-154 ko-iramno (私が落ちる)と(同時である)

1-157 un=ko-sirepa (私の所)に(到着する)

—173—

第7話　梟の神が自ら歌った謡「コンクワ」

119　katken okkayo[1]	川鴉の若者
120　kamuy siri ne	美しい様子で
121　harkiso ne	左の座
122　ehorari.	に坐った。
123　sirki ciki,	それで私は
124　kutosintoko	たが付のシントコ
125　puta kasike	の蓋の上を
126　ci=orep kane,	たたきながら
127　sonko emko	五つ半の
128　eiwan sonko	用件を
129　kunne hene	夜でも
130　tókap hene	昼でも
131　ci=ecaranke.	言い続けた。
132　inkar=as ko	見れば
133　katken okkayo	川ガラスの若者
134　nep eciw ruwe	何も疲れた様子も
135　oar isamno	なく
136　ikokanu wa	聞いて
137　okay ayne,	いて
138　tókap rerko	昼と
139　kunne rerko	夜を
140　ci=ukopiski	数えて
141　iwan rerko	六日目
142　ne hi ta	に
143　ci=ye okere ko nani	私が言い終ると直ぐに
144　rikunsuy ka	天窓から
145　cioposore,	出て
146　kanto orun	天国へ
147　oman wa isam.	行ってしまった。

---

[1] katken…川ガラス。昔から大そういい鳥として尊ばれる鳥
です。

121 [harki（左側の）so（座）] ne 〜に。第1話脚注（6）（7）
参照。

122 [e（そこに）ho（尻）rari（を押さえる）]＝座る。

129 kunne 夜。hene 〜でも。

130 tókap 昼。hene 〜でも。

131 [ci＝（私）ecaranke（〜を談判する）]

134 nep 何。eciw「疲れる」の用例は見当たらない。
「chiu 苦痛スル, 火傷スル」｛バチェラー辞典｝

135 oar まったく。isamno なく。

136 ikokanu 人の言うことに注意深く聞き入る。

138-9 rerko 〜日間。

140 [ci＝（私）uko（ともに）piski（〜を数える）]

141 [iwan（六）rerko（日間）]

142 ne 〜になる。hi とき。ta 〜に。

143 [ci＝（私）ye（〜を言う）] okere 〜し終わる。
ko 〜と。nani すぐ。

144 [rik（高い所）un（にある）suy（穴）]＝天窓。ka 〜の上。

145 [ci（自ら）oposo（〜をつきぬける）re（させる）] 中相表
現。

147 oman 行く。wa 〜して。isam 〜しまう。

神謡の接辞 目的語指示接頭辞 ko- ②

1-180 un=hon-ko-kisma（私を）（腹）で（押さえる）

1-202 a=ko-sírepa（私たちが）（家の外）に（着いた）

1-227 yay-ko-kutkor（自分）に（帯 / をきつく締める）

1-229 un=ko-onkami（私）に対して（拝む）

1-234 ko-sirepa（私たちの貧しい家）に（到着する）

1-338 maw-ko-wen（運）に（悪い）

—175—

第7話　梟の神が自ら歌った謡「コンクワ」

148	ne sonko	其の談判の
149	ikkewe anak,	大むねは、
150	aynu mosir	人間の世界に
151	kémus wa	飢饉があって
152	aynupito utar	人間たちは
153	tane anakne	今にも
154	kémekot kuski.	餓死しようとしている。
155	nep ikkew ne	何う云う
156	ene sirki siri ne ya	訳かと
157	inkar=as awa,	見ると
158	konto otta	天国に
159	Yukkor kamuy newa	鹿を司る神様と
160	Cepkor kamuy	魚を司る神様とが
161	ukoramkor wa	相談をして
162	yuk somo sapte	鹿も出さず
163	cep somo sapte	魚も出さぬ
164	ruwe ne awan kusu,	ことにしたからであったので
165	kamuy utar orowa	神様たちから
166	nékona a=ye yakka	何んなに言われても
167	senne ponno	知らぬ
168	ekottanu no	顔をして
169	okay kusu,	いるので
170	aynupito utar	人間たちは
171	ekimne kusu	猟に
172	kim ta paye yakka	山へ行っても
173	yuk ka isam,	鹿もない、
174	cep koyki kusu	魚漁に
175	pet otta paye yakka	川へ行っても
176	cep ka isam ruwe	魚も無
177	ne awan.	い。

—176—

148 ne その。sonko 言づて。

149 ikkewe 〜の骨格。大むね。anak 〜は。

150 aynu 人間。mosir 国。世界。

151 [kem(飢饉が)us(〜につく)]= 飢饉になる。wa 〜て。

152 [aynu(人間)pito(人)] utar 〜たち。pito(人)は日本語から入った語で、万葉以前の日本語のハ行音は「パピプペポであった時代の発音を伝えている。同類の語にピトゥ(櫃)、ピカタ(日方)などがある。古い時代から交易があった証拠である。

153 tane 今。anakne 〜は。

154 [kem(飢饉)ekot(で死ぬ)] kuski しようとしている。

155 nep 何。ikkew 理由。ne 〜で。

156 ene このように。sirki になる。siri 〜の。ne である。ya 〜か。

159 [yuk(鹿)kor(を支配する)] newa 〜と。

161 [uko(共に)ram(心)kor(を持つ)]= 相談をする。

162-3 somo しない。[sap(出す)te(させる)]

166 nékona どんなに。[a=(人)ye(を言う)]= 言われる。yakka(たとえ)〜しても。

171 [e(その頭)kim(山)ne(〜に)]= 山へ(猟に行く)。kusu 〜のために。

172 kim 山。ta 〜に。paye 行く。yakka 〜ても。

173 yuk 鹿。ka 〜も。isam ない。

174 cep 魚。koyki 〜を獲る。kusu 〜ために。

175 pet 川。otta 〜に。paye 行く。yakka 〜ても。

176-7 ruwe 〜こと。ne である。awan 〜たのだった。

—177—

第7話　梟の神が自ら歌った謡「コンクワ」

178	ci=nukar wa	私はそれを見て
179	ci=ruska kusu	腹が立ったので
180	kanto orun	[天国の]
181	Yukkor kamuy	鹿の神
182	Cepkor kamuy	魚の神
183	ci=kosonkoanpa	へ使者をたてた
184	ki ruwe ne.	のである。
185	orowano	それから
186	kesto kesto	幾日も
187	síran ayne,	たって
188	kanto kotor	空の方に
189	sepepatki	微かな
190	humas ayne,	音がきこえていたが
191	kanakankunip	誰かが
192	siaworaye.	はいって来た。
193	inkar=as awa	見ると
194	katken okkayo	川ガラスの若者
195	tane an pirka	今は前よりも
196	sioarwenruy,	美しさを増し
197	rametok ipor	勇ましい気品
198	eipottumu	をそなえ
199	niwnatara,	て
200	itasa sonko	返し談判を
201	ecaranke.	述べはじめた。
202	kanto otta	天国の
203	Yukkor Kamuy	鹿の神や
204	Cepkor Kamuy	魚の神が
205	tanto pakno	今日まで
206	yuk somo atte	鹿を出さず
207	cep somo atte	魚を出さなかった
208	ikkewe anak	理由は、

—178—

179 [ci=(私)ruska(〜を怒る)] kusu 〜ので。

180 kanto 天。orun に住む。この行、幸恵の訳がない。

183 [ci=(私)ko(〜へ：鹿の神・魚の神へ)sonko(言づて) anpa(〜を持って運ぶ)]

186 [kes(毎)to(日)]

187 síran 時がたつ。ayne 永い間〜してから。

188 kanto 天。kotor 表面。こちら側の面。

189 sepepatki (木の葉が風で鳴るように)微かに鳴る。

190 [hum(音)as(が立つ。がする)]

195 tane 今。an ある。pirka 美しさ。

196 [si(本当に)oar(全く)wen ruy(あまりに甚だしい)] 以上2行、常套句「今の美しさは前後になく良い」。

197 rametok 勇ましい。ipor 顔つき。

198 [e(〜で)ipor(顔つき)tumu(〜の中)]

199 niwnatara たけだけしい。

200 itasa 返事。sonko 言づて。

201 ecaranke 〜を談判する。

205 tanto 今日。pakno 〜まで。

206-7 somo 〜しない。[at(〜を出す)te(させる)]

208 ikkewe その理由。anak 〜は。

神謡の接辞 目的語指示接頭辞 ko-　③

1-351 ci=ko-rewsi (私が)(人間の家)に(泊る)

1-372 yay-ko-rapte (自分)に(大粒の涙を落とす)

1-391 ko-sirepa (私どもの粗末な家)に(お出でくださる)

1-396 maw-ko-wen (運)に(悪い)

1-413 yay-ko-kutkor (自分)に(帯を持つ)

—179—

第7話　梟の神が自ら歌った謡「コンクワ」

209	aynupito utar	人間たちが
210	yuk koyki ko	鹿を捕る時に
211	cikuni ari	木で
212	yuk sapa kik,	鹿の頭をたたき、
213	iri ko	皮を剥ぐと
214	yuk sapaha	鹿の頭を
215	néeno kenas ka ta	其の侭山の木原に
216	osurpa wa áre,	捨ておき、
217	cep koyki ko	魚をとると
218	munin cikuni ari	腐れ木で
219	cep sapa kik kusu,	魚の頭をたたいて殺すので、
220	yuk utar	鹿どもは、
221	atuspa kane	裸で
222	cis kor	泣きながら
223	Yukkor Kamuy	鹿の神の
224	otta hosippa,	許へ帰り、
225	cep utar	魚どもは
226	munin cikuni	腐れ木を
227	ekupa kane	くわえて
228	Cepkor Kamuy	魚の神の
229	otta hosippa.	許へ帰る。
230	Yukkor Kamuy	鹿の神
231	Cepkor Kamuy	魚の神は
232	iruska kusu	怒って
233	ukoramkor wa	相談をし、
234	yuk somo atte	鹿を出さず
235	cep somo atte	魚を出さなかった
236	ruwe ne a korka,	のであった。が
237	tan téwano	こののち
238	aynupito utar	人間たちが

210 yuk 鹿。koyki 〜を獲る。ko=kor 〜ときに。

211 cikuni 木。ari 〜で。

212 yuk 鹿。sapa 頭。kik 〜をたたく。

213 [i（もの）ri（〜の皮をはぐ）] ko 〜ときに。

214 yuk 鹿。sapaha 〜の頭。所属形長形。

215 néeno néno の強調形。そのまま。
kenas 木原。ka 〜の上。ta 〜に。

216 osurpa 〜を捨てる。wa 〜て。áre 〜を置かせる。

218 munin 腐る。cikuni 木。ari 〜で。

219 cep 魚。sapa 頭。kik をたたく。kusu 〜ので。

221 atuspa atusa（裸である）の複数形。kane 〜のまま。

222 cis 泣く。kor 〜ながら。

224 otta 〜に。hosippa 帰る。hospi の複数形。

227 [e（その一部）kupa（を嚙む）]= をくわえる。

232 [i（ものごと）ruska（を腹立たしく思う）] kusu ので。

233 [uko（共に）ram（心）kor（を持つ）]= 互いに相談する。

237 tan この。[te（ここ）wano（から）]

神謡の接辞 目的語指示接頭辞 ko-　④

1-526 a=ko-rámkor（私は）（皆様）と（相談する）

1-535 ko-yayapapu（家の主人）に対して（自分を責める）

1-540 a=un=kó-onkami（人々が）（私）に（拝礼する）

1-570 ci=ko-hekomo（私が）（自分の家）に（戻る）

1-579 ci=ko-sonkoanpa（私が）（近い神、遠い神）に（使者を立てる）

1-585 ci=ko-isoitak（私が）（神様たち）に（話す）

1-592 un=ko-puntek（私）に対して（よろこぶ＝ほめる）

第7話　梟の神が自ら歌った謡「コンクワ」

239	yuk hene	鹿でも
240	cep hene	魚でも
241	kor katu pirka	ていねいに取扱う
242	kusu ne yakun	という事なら
243	yuk a=atte	鹿も出す
244	cep a=atte	魚も出す
245	ki kus ne. ari,	であろう。と
246	Yukkor Kamuy	鹿の神と
247	Cepkor Kamuy	魚の神が
248	hawokay katuhu	言ったという事を
249	omommomo.	詳しく申立てた。
250	ci=nu orowa	私はそれを聞いて
251	Katken okkayo otta	川ガラスの若者に
252	iramye=as wa,	賛辞を呈して、
253	inkar=as awa	見ると
254	sonno ka un	本当に
255	aynupito utar	人間たちは
256	yuk hemem	鹿や
257	cep hemem	魚を
258	kor katu wen	粗末に取扱った
259	ki rok okay.	のであった。
260	orowa	それから、
261	téwano anak	以後は、
262	iteki néeno	決してそんな
263	ikici kuni	事をしない様に
264	aynupito utar	人間たちに、
265	mokor otta	眠りの時、
266	tarap otta	夢の中に
267	ci=epakasnu awa	教えてやったら、
268	aynupito utar ka	人間たちも
269	ipaste rampo	悪かったという事に

—182—

239　yuk 鹿。hene でも。

240　cep 魚。hene でも。

241　kor を持つ。katu しかた。pirka よくする。

242　kusu 〜つもり。ne である。yakun 〜ならば。

243　[a=(私)at(〜を出す)te(させる)]

245　ki をする。kus ne 〜つもりである。ari 〜と。

248　[hawoka(と言う)i=hi(こと)]　katuhu 〜の次第。

249　omommomo 〜をくわしく述べる。

250　[ci=(私)nu(〜を聞く)]　orowa 〜から。

252　[i(人の)ram(心)ye(を言う)=as(私)]=賛辞を呈する。

254　sonno ほんとうに。ka 〜も。
　　　un 考慮や納得を表す強めの助詞。

256-7　hemem hem(〜も)の重複 hemhem の省略形。

258　kor katu 取り扱い。wen 悪い。

259　ki をする。rok okay　awan や awokay と同じ。
　　　「気がついてみると〜だった」の意。

262　iteki (決して)〜するな。néeno 7-215参照。

263　ikici 物事をする。kuni (〜しない)ように。

265-6　mokor 眠る。tarap 夢。otta 〜で。

267　[ci=(私)epakasnu(〜に〜を教える)]　awa 〜ところ。

269　[i(もの)paste(をわかる)]　[ram(心)po(指小辞)]

神謡の接辞　目的語指示接頭辞 o-　①

　動詞の語幹に接頭し、前の名詞句との関係を示す接頭辞
の三つ目が、o- という接頭辞です。主として場所を表す
名詞句を目的語として、「〜から」「〜に」「〜に対して」「〜
で」「(の)方を」などの用法があります。用例は少ないです。

第7話　梟の神が自ら歌った謡「コンクワ」

270	yaykorpare,	気が付き、
271	orowano anak	それからは
272	inaw koraci	幣の様に
273	isapakikni	魚をとる道具を
274	tomtekarkar	美しく作り
275	ari cep koyki,	それで魚をとる、
276	yuk koyki ko	[鹿をとったときは]
277	yuk sapaha ka	鹿の頭も
278	pirka no	きれいに
279	tomte wa	飾って
280	inaw korpare.	祭る、
281	ki wa kusu	それで
282	cep utar	魚たちは、
283	nupetne no	よろこんで
284	pirka inaw	美しい御幣を
285	ekupa kane	くわえて
286	Cepkor Kamuy	魚の神の
287	otta paye,	もとに行き、
288	yuk utar	鹿たちは
289	nupetne no	よろこんで
290	asir sapa kar kane	新しく月代をして
291	Yukkor Kamuy	鹿の神
292	otta hosippa.	のもとに立帰る。
293	ne wa an pe	それを
294	Yukkor Kamuy	鹿の神や
295	Cepkor Kamuy	魚の神は
296	enupetne kusu,	よろこんで
297	poronno cep atte,	沢山、魚を出し、
298	poronno yuk atte.	沢山鹿を出した。
299	aynupito utar	人間たちは、
300	tane anakne	今はもう

—184—

270 [yay(自分に)kor(〜を持た)pa(複数)re(せる)]
272 inaw 木幣。koraci 〜のような。
273 [i(もの)sapa(の頭)kik(をたたく)ni(棒)]
274 [tom(光る)te(させる)kar(を作る)kar(反復)]
275 ari それで。cep 魚。koyki 〜を獲る。
280 inaw 木幣。korpare 〜を持たせる。
283 nupetne よろこぶ。no 副詞化辞。
285 ekupa くわえる。
287 otta 〜のところへ。paye 行く。
290 asir 新しい。sapa 頭。kar を作る。kane 〜て。
296 [e(それを)nupetne(よろこぶ)] kusu 〜ので。
297 poronno たくさん。

神謡の接辞 目的語指示接頭辞 o-　②　用例

1-106 o-terke (貧しい子)に対して(踏みつける)

1-150, 198 si-o-kote (自分)に(砂吹雪を結びつける)

1-423 ror-o-raypa (上座)に(移動する)

4-204 soy-o-terke (外)に(飛び出す)

7-25 o-rep そこを(拍子をとってたたく)

7-117 si-aw-o-raye (自分を)(内)に(行かせる)

水中で採食するカワガラス

—185—

第7話　梟の神が自ら歌った謡「コンクワ」

301	nep erannak	何の困る事も
302	nep erusuy	ひもじい事も
303	somo ki no okay,	なく暮している
304	ci=nukat ciki	私はそれを見て
305	ci=eramusinne.	安心をした。
306	ciokay anak	私は、
307	tane onne=as	もう年老い、
308	tane rettek=as	衰え弱った
309	ki wa kusu,	ので、
310	kanto orun	天国へ
311	paye=as kuni	行こうと
312	ci=ramu a korka,	思っていたのだけれども、
313	ci=epunkine	私が守護している
314	aynu mosir	人間の国に
315	kémus wa	飢饉があって
316	aynupito utar	人間たちが
317	kémekot kuski ko	餓死しようとしているのに
318	ci=ekottanu	構わず
319	somo ki no	に
320	paye=as ka	行く事が
321	eaykap kusu,	出来ないので
322	tane pakno	これまで
323	okay=as a korka,	居たのだけれども、
324	tane anakne	今はもう
325	nep a=erannak pe ka	何の気がかりも
326	isam kusu	無いから、
327	síno rametok	最も強い者
328	upen rametok	若い勇者を
329	un=okake ta	私のあとにおき
330	aynu mosir	人間の世を
331	ci=epunkinere,	守護させて、

301 nep 何。erannak ～に困る。

302 [e(～を食べる)rusuy(～したい)]= ひもじい。

303 somo ～ない。ki ～をする。この ki は上 2 行の erannak と erusuy の代動詞。no 副詞化辞。
okay (暮して)いる。

305 [ci=(私)e(それで)ramu sinne(安心する)]

306 ciokay [代名詞] 私。anak ～は。

307 tane 今はもう。[onne(年老い)=as(私)]

308 　　　　　　　　　[rettek(老い衰える)=as(私)]

309 ki 上の 2 行の代わり。wa kusu ～したので。

311 [paye(行く)=as(私)] kuni[形式名詞]「～するはずのこと」が原義だが、kuni で名詞化された文を目的語とする間接引用文となり、そのあとに「思う」とか「言う」とかの語がくる。

312 [ci=(私)ramu(と思う)] a ～した(完了)。
korka ～けれども。

313 [ci=(私)epunkine(～を守護している)]
punki は日本語「奉行」から転じた語。

314 aynu mosir 人間の国。

315 [kem(飢饉)us(がつく)]= 飢饉が起きる。

317 [kem(飢饉)ekot(で死ぬ)] kuski しようとしている。

327 síno 本当に。rametok 勇者。

328 upen 若い。

329 [un=(私)okake(のそのあと)] ta ～に。

331 [ci=(私)epunkine(を守護する)re(させる)]

第7話　梟の神が自ら歌った謡「コンクワ」

332	tane kanto orun	今天国へ
333	paye=as siri tapan.	行く所なのだ。
	ari Kotankor Kamuy	と、国の守護神なる翁神（梟）
334	ekasi isoitak orowa	が物語って天国へ行きまし
	kanto orun oman.ari.	た。と、

神謡の接辞　名詞語根的接頭辞 he- と ho-

　物理的・心理的に上下のあるものについて、上下の方を
指す。主に他動詞に接頭して、その目的語の代りになる。

[he-]

1-493　he-punpa 頭（を上げる）

[he- 〜 -asi][接頭＋接尾][（頭）（を立てる)]〜の方へ。

6-8　hepasi [he(頭)pa(川下に)asi(を立てる)]=川下の方へ。

[he- 〜 -ray][接頭＋接尾][（頭）（行かせる)]〜の方へ。

6-10　heperay[he(頭)pe(川上)raye(へやる)]=川上の方へ。

[ho-]

1-360　ho-punpa 尻（を上げる）＝起きる。

6-106　ho-tari 尻（を上げる）＝上がる。

—188—

332　tane 今。kanto 天。orun ～へ。

333　[paye(行く)=as(私)]　siri ～する様子。
　　　tapan 「これぞ～である」 の意で、形式名詞の siri,
　　　ruwe, hawe などの後に、ne(である)の代わりに使わ
　　　れる。強調として使われる。

332　ari ～と。[Kotan(村)kor(を守る)kamuy(神)]= フクロ
　　　ウのこと。ekasi 翁。isoitak 語る。orowa それから。
　　　oman 行く(行った)。
　　　ari が二度使われているが。最初のは、フクロウの神
　　　が語ったことを受けるもの。最後に使われている ari
　　　は、語り手が聞き手に向かってのもの。

神謡の接辞　名詞語根的接頭辞 e- と o-　①

[e-]
　①その頭、その顔、その上の方(物理的・心理的に上下の
あるものについて、そのいちばん上の方を指す)
3-1　　e-san　[その頭・浜へ出ている]
4-50　　e-ciw　[その頭・～にささる]
4-173　e-us　[その頭・～につく]
7-227　e-kupa　[その一部・を噛む] = をくわえる
　②e- ～ -un の形　[接頭＋接尾] ～の方へ
1-289　e-harkiso-un　[その頭・左座・へ]
1-290　e-siso-un　[その頭・右座・へ]
※左ページ he-, ho- と e-, o- の関係
he-, ho- は他動詞に接頭して目的語の代りとなるので、そ
の語の取りうる目的語の数を一つ減らす。
e-, o- は、そのようなことはない。

—189—

8　Repun kamuy yayeyukar

"Atuyka tomatomaki kuntuteasi hm hm ！"

1	tanne yupi	長い兄様
2	iwan yupi	六人の兄様、
3	tanne sápo	長い姉様
4	iwan ᵞ sápo	六人の姉様
5	takne yupi	短い兄様
6	iwan yupi	六人の兄様、
7	takne sápo	短い姉様
8	iwan ᵞ sápo	六人の姉様が
9	un=respa wa	私を育てて
10	okay=as ko	居たが、
11	ciokay anak	私は
12	ikit tukari	宝物の積んである傍に
13	cituyeamset	高床をしつらえ、
14	amset kasi	其の高床の上に
15	ci=ehorari,	すわって
16	kepuspe nuye	鞘刻み
17	sirka nuye	鞘
18	ci=kokipsireciw,	彫り
19	néanpe patek	それのみを
20	monrayke ne	事と
21	ci=ki kane	して
22	okay=as.	暮していた。
23	kesto an ko	毎日、
24	kunnewano	朝になると
25	ci=yuputari	兄様たちは
26	ikayop se wa	矢筒を背負って
27	ci=sautari tura	姉様たちと一しょに
28	sóyunpa wa,	出て行って

第8話　海の神が自ら歌った謡
「アトイカトマトマキ、クントテアシ、フム、フム！」

[題名]　[rep(沖)un(の)kamuy(神)]=シャチ(鯱)。

1　tanne [＜tar(荷縄)ne(のようだ)]=長い。yupi の兄。

2　iwan 六つの。

3　[sa(姉)po(指小辞)]=姉さん。

5　takne [＜tak(塊)ne(のようである)]=短い。
「長い〜」「短い〜」は鯱の体の長さを表すおもしろい表現。

9　[un=(私を)respa(〜を育てる。resu の複数形)]

10　[okay(居る)=as(私)]　ko 〜したところ。

11　ciokay 私。anak 〜は。

12　ikir「物の集合」のことだが、宝物の積場。

13　[ci-tuye(切られた)amset(高床)]=しつらえられた寝台。

15　[ci=(私)ehorari(〜にすわる。〜に住む)]

16　[kep(ふち。先)us(〜についている)pe(もの)]=鞘。

17　sirka 刀の鞘。飾り物の刀の表の紋様のある部分。

18　[ci=(私)ko(に対して)ki(をする)p(こと)sir(あたり)
eciw(にささる)]=わき目もふらず熱中していること。

19　[ne(それ)an(ある)pe(もの)]　patek 〜だけ。

20　monrayke 仕事。ne として。

24　kunnewano 朝。朝になって。

25　[ci=(私)yup(兄)utari(〜たち)]

26　[ik(？)ay(矢)o(を入れる)p(もの)]　se 〜を背負う。

27　[sa(姉)utari(〜たち)]　tura といっしょに。

28　sóyunpa 外に出る。soyne の複数形。

第8話　海の神が自ら歌った謡「アトイカトマトマキ、クントテアシ、フム、フム！」

29	onuman an ko	暮方になると
30	semipor kan	疲れた
31	toyne kane	顔色で
32	nep ka sak no	何も持たずに
33	hosippa wa,	帰って来て
34	ci=sautari	姉様たちは
35	sinki siri	疲れているのに
36	suke ki wa	食事拵えをし、
37	un=koipunpa,	私にお膳を出して
38	okay utar ⁿ nakka	自分たちも
39	ipe wa	食事をして
40	ipe ruwoka	食事のあとが
41	cisiturire ko,	片付くと
42	orowano	それから
43	ci=yuputari	兄様たちは
44	ay kar ne a p	矢を作るのに
45	kotekkankari,	忙しく手を動かす。
46	ikayop sik ko,	矢筒が一ぱいになると、
47	opittano	みんな
48	sinki p ne kusu,	疲れているものだから
49	hotke wa	寝ると
50	etoro hawe	高鼾を響かせて
51	mesrototke.	ねむってしまう。
52	ne simke an ko	其の次の日になると
53	kunne nisat	まだ暗い
54	peker ⁿ nisat	中に
55	ehopunpa,	みんな起きて
56	ci=sautari	姉様たちが
57	suke wa	食事拵えをして
58	un=koipunpa,	私に膳を出し
59	opittano	みんな

29　onuman 夕方。晩。

30　[sem（否定辞）ipor（顔色）]　kan 上。

31　[toy（土）ne（のよう）]

32　nep 何。ka ～も。sak ～ない。no ～て。

35　sinki 疲れる。siri ～のようす。

36　suke 煮炊きする。

37　[un=（私に）koipunpa（～に食べ物を供する）]

38　okay 彼ら。utar ～たち。nakka ～も。

39　ipe 食事する。

40　ruwoka 食事のあと。

41　[ci（自ら）situri（伸びる）re（させる）]＝片付く。ko ～と。

44　ay 矢。kar を作る。ne a p ～であったこと。

45　[ko（について）tek（手）kan（の上）kari（をまわす）]

46　sik 満ちる。

49　hotke 寝る。

50　etoro いびきをかく。hawe ～の音。

51　[mes（擬音；グーグー）rototke（連続を表す接尾辞）]

52　ne その。simke の翌日。an なる。ko ～と。

53　kunne 夜。暗い。nisat 明け方。

54　peker 明るい。前行と対句。

55　[e（に）hopunpa（起きる：hopuni の複数形）]

神たちの生きる世界　神の世界では人間と同じような生活があると考える。このシャチの神の物語でも、狩猟生活に明け暮れる日常が描かれる。猟がない日が続く。それでも弓矢を準備しては猟に出かけて行く。海に住むシャチがあたかも山猟に出かけるかのような描写で、実際のシャチの海中の狩りと人間の狩猟が二重映しになる。

第8話 海の神が自ら歌った謡「アトイカトマトマキ、クントテアシ、フム、フム！」

60	ipe okere ko	食事が済むと、
61	too suy ikayop se wa	また矢筒を背負って
62	paye wa isam.	行ってしまう、
63	suy onuman an ko	また夕方になると
64	semipor kan	疲れた
65	toyne kane	顔色で
66	nep ka sak no	何も持たずに
67	arki wa,	帰って来て
68	ci=sautari	姉様たちは
69	suke,	食事拵え
70	ci=yuputari	兄様たちは
71	ay kar kane	矢を作って、
72	hempara nakka	何時でも
73	ikici kor okay.	同じ事をしていた。
74	sinean to ta suy	或日にまた
75	ci=yuputari	兄様たち
76	ci=sautari	姉様たちは
77	ikayop se wa	矢筒を背負って
78	sóyunpa wa isam.	出て行ってしまった。
79	ikorka nuye	宝物の彫刻を
80	ci=ki kor	私はして
81	okay=as ayne	いたがやがて
82	amset ka ta	高床の上に
83	hopunpa=as	起上り
84	konkani pon ku	金の小弓に
85	konkani pon ay	金の小矢を
86	ci=ukoani,	持って
87	soyne=as wa	外へ出て
88	inkar=as awa,	見ると
89	neto kurkasi	海はひろびろと
90	tesnatara,	凪ぎて

60 ipe 食事。okere 〜し終える。ko 〜と。

61 to' o ずっと。suy また。

62 paye 行く。arpa の複数形。wa isam 〜てしまう。

67 arki 来る。ek の複数形。

72 hempara いつ。nakka 〜も。

73 ikici 物事をする。kor okay 〜しつつある。

79 [ikor(宝；男子は刀剣、女子は玉飾り)ka(〜の上)]
　ikorka この場合、刀の鞘。nuye 〜に彫刻する。

86 [ci=(私)uko(ともに)ani(〜を持つ)]

87 [soyne(外に出る)=as(私)] wa 〜して。

89 neto 平穏な海。凪ぎ。kurkasi 〜の上面一帯。

90 [tes(擬態)natara(状態の継続を表す接尾辞)]= ならし
　たように平らになっているようす。海の凪いだ様子。

神謡の接辞 名詞語根的接頭辞 e- と o- ②

[o-]

　①その尻、その下の方(物理的・心理的に上下のあるもの
について、そのいちばん下の方を指す)

1-127　o-tuymaasi　[その先・遠くに立てる]

1-129　o-hankeasi　[その先・近くに立てる]

1-389　o-tuy　[その尻・切れる]

2-84　o-intenu　[その尻・やにがある]

2-86　o-taypenu　[その尻・汚水がある]

3-79　o-kirasnu　[その尻・力すぐれている]

　②o- 〜 -un　[接頭辞＋接尾辞]　〜の方から、〜の方に

5-9　o-pis-un　[その尻・浜にある]　浜の方から

9-46　o-utur-un　[その尻・下座に]　下座の方にある

—195—

第8話　海の神が自ら歌った謡「アトイカトマトマキ、クントテアシ、フム、フム！」

91	si atuypa wa	海の東へ
92	si atuykes wa	海の西へ
93	humpe utar	鯨たちが
94	sinot sir konna	パチャパチャと
95	copopatki ko,	遊んで居る。すると
96	si atuypa ta	海の東に
97	tanne sápo	長い姉様
98	iwan ^{y} sápo	六人の姉様が
99	say kar ko,	手をつらねて輪をつくると、
100	takne sápo	短い姉様
101	iwan ^{y} sápo	六人の姉様が、
102	say nikor un	輪の中へ
103	humpe okewpa,	鯨を追込む、
104	tanne yupi	長い兄様
105	iwan yupi	六人の兄様
106	takne yupi	短い兄様
107	iwan yupi	六人の兄様が
108	say nikor un	輪の中へ
109	humpe ramante ko	鯨をねらい射つと、
110	néan humpe	其の鯨の
111	corpoke ay kus	下を矢が通り
112	enkasi ay kus.	上を矢が通る。
113	kesto kesto	毎日毎日
114	ene an ikici	彼等はこんな事を
115	ki kor okay ruwe	していたので
116	ne rok okay.	あった。
117	inkar=as ko	見ると
118	atuy noski ta	海の中央に
119	sínokor humpe	大きな鯨が
120	upokor humpe	親子の鯨が

91 si 美称。大きな。[atuy(海)pa(上)]= 東。
92 [atuy(海)kes(〜の端。〜のはずれ)]= 西。
93 [hum(音。フーッと潮を吹く呼吸音)pe(もの)]= 鯨。
94 sinot 遊ぶ。sir ようす。konna 〜は。
95 copopatki 擬音；パチャパチャという音。
99 say 輪。kar 〜を作る。ko 〜と。
102 nikor (包んだりくるんだりする)中。un 〜へ。
103 okewpa 〜を追い出す。okewe の複数形。
109 ramante ねらい射つ。[ram(心)an(置く)te(させる)]= 心に置く=獲りたいと心にかける。
111 corpoke 〜の下。ay 矢。kus を通る。
112 enkasi 〜の上。
この2行、矢がちっとも当らないことをいう。
118 atuy 海。noski 〜の真ん中。ta 〜に。
119 [si(大きな)nokor(？)humpe(鯨)]= イワシクジラ。
120 [u(互いに)po(子)kor(を持つ)] humpe 鯨。

北千島アイヌのイナウ(幣)に刻むイトクパ(印)
上図のbとdがシャチのアシペ(ひれ)ノカ(の形)

第8話　海の神が自ら歌った謡「アトイカトマトマキ、クントテアシ、フム、フム！」

121	heperay	上へ
122	hepasi	下へ
123	sinot siri	パチャパチャと
124	copopatki,	遊んでいるのが
125	ci=nukar wa kusu	見えたので
126	otuyma sir wa	遠い所から
127	konkani pon ku	金の小弓に
128	konkani pon ay	金の小矢を
129	ci=uweunu	番えて
130	ci=tukan awa	ねらい射ったところ、
131	ear ay ari	一本の矢で
132	sine ikin ne	一度に
133	upokor humpe	親子の鯨を
134	ci=sirkocotca.	射貫いてしまった。
135	táta otta	そこで
136	sine humpe	一つの鯨の
137	noski ci=tuye	まんなかを斬って
138	humpe arke	其の半分を
139	ci=sautari	姉様たちの
140	say nikor un	輪の中へ
141	ci=eyapkir,	ほうりこんだ。
142	orowano	それから
143	humpe arke	鯨一つ半
144	etu humpe	の鯨を
145	ci=ispokomare,	尾の下にいれて
146	aynu mosir	人間の国に
147	kopake un	むかって
148	yap=as ayne	行き
149	Otasut kotan	オタシュツ村に
150	ci=kosirepa,	着いて
151	humpe arke	一つ半

—198—

121 [he(頭)pe(川上)ray(< raye;行かせる)]= 川上へ。
122 [he(頭)pa(川下)asi(〜に立てる)]= 川下へ。
123 sinot 遊ぶ。siri 〜のようす。
126 [o(その尻)tuyma(遠い)] sir 地。wa 〜から。
130 [ci=(私)tukan(〜を射る)] awa 〜したところ。
131 ear 一つだけの。ay 矢。ari 〜で。
132 sine 一つの。ikir ひとひら。列。ne のように。
134 [ci=(私)sirko(強く)cotca(〜を射る)]
135 ta ここ。otta 〜で。
137 [ci=(私)tuye(〜を切る)]
138 [ar(片方の)ke(のところ)]= 〜の半分。
141 [ci=(私)eyapkir(〜を投げる)]
143-144 arke(半分)e(で)tu(二つ) アイヌ特有の数え方。
 「半分で二つ」とは、つまり「一つ半」ということ。
145 [ci=(私)is(尾)pok(の下)omare(に入れる)]
147 kopake 〜の方。un 〜へ。
148 [yap(陸に上げる)=as(私)] ayne 〜したあげく。
149 Otasut kotan オタシュツ村。
150 [ci=(私)ko(〜へ)sirepa(着く)]

ikupasuy イクパスイ(捧酒箸)シャチと舟 高彫

—199—

第8話　海の神が自ら歌った謡「アトイカトマトマキ、クントテアシ、フム、フム！」

152	etuhumpe	の鯨を
153	kotan rákehe	村の浜へ
154	ci=kooputuye.	押上げてやった。
155	tap orowa	それから
156	atuy so ka ta	海の上に
157	moyre herori	ゆっくりと
158	ci=koyaykurka	游い
159	oma kane,	で
160	hosippa=as wa	帰って
161	arpa=as awa,	来たところが、
162	kanakankunip	誰かが
163	hése hawe	息を
164	taknatara,	切らして
165	un=piskani	其の側を
166	ehoyupu,	はしるものがあるので
167	inkar=as awa	見ると、
168	atuycakcak	海のごめ
169	ne kane an.	であった。
170	taskan tuytuy kor	息をきらしながら
171	ene itaki:──	いうことには
172	"Tominkarikur	「トミンカリクル,
173	Kamuykarikur	カムイカリクル、
174	Isoyankekur	イソヤンケクル
175	kamuy rametok	勇ましい神様
176	páse kamuy,	大神様、
177	nep e=kar kusu	あなたは何の為に
178	toy aynu utar	卑しい人間共
179	wen aynu utar	悪い人間共に
180	kuntu iso	大きな海幸を
181	e=koyanke	おやりになった
182	ruwe tan.	のです。

—200—

153　kotan 村。[ra(低い)ke(所)he(所属形語尾)]= 浜。

154　[ci=(私)ko(〜へ)oputuye(〜を押す)]

157　moyre 遅い。ゆっくり。[he(頭)rori(沈む)]

158　[ci=(私)ko(〜に)yay(自分)kurka(の上)]

159　oma 〜に入る。〜に位置する。〜にある。
　　　本来、ci-ko-yay(自分を)si(自身)kurka(の上)oma(に
　　　重ねる)の形。シャチの泳ぎ方。

161　[arpa(行く)=as(私)]　awa 〜したところが。

163　[he(ヘッヘッ)se(という)]= 息をする。hawe の音。

164　[tak(擬音;息を切る音)natara(継続を表す接尾辞)]

165　[un=(私の)piskani(〜のそのまわり)]

166　ehoyupu 〜を走る。

168　北海道では、カモメのことを「ごめ」という。

169　ne である。kane an 〜ている。動作・状態の継続。

170　[tas(息)kan(の上)]　tuy 切れる。

172　[< tomi(宝物)inkar(見る)kur(神)]

173　[< kamuy(神)inkar(見る)kur(神)]

174　[< iso(海幸;鯨)yanke(浜へ上げる)kur(神)]
　　　以上3行、知里真志保の解釈による。

175　kamuy 神。[ram(心)etok(すぐれる)]= 勇者。

176　páse 重い。大きな。kamuy 神。

177　nep 何。[e=(あなた)kar(をする)]　kusu 〜ために。

178-9　toy ひどい。aynu utar 人間たち。wen 悪い。

180　kuntu 危険な {バチェラー辞典} iso 獲物。

181　[e=(あなたは)ko(〜に対して)yanke(陸に上げる)]

182　ruwe (〜した)こと。〜の。tan「である」の強調形。
　　　177の nep がここまでかかって、疑問の形をつくる。

第8話　海の神が自ら歌った謡「アトイカトマトマキ、クントテアシ、フム、フム！」

183	toy aynu utar	卑しい人間共
184	wen aynu utar	悪い人間共は、
185	mukar ari	斧もて
186	iyoppe ari	鎌をもて
187	kuntu iso	大きな海幸を
188	tawkitawki	ブツブツ切ったり
189	tokpatokpa	突っついたり
190	kewre kor okay na,	削り取っています、
191	kamuy rametok	勇ましい神様
192	páse kamuy	大神様
193	kéke hetak	さあ早く
194	kuntu iso	大海幸を
195	okaetaye yan.	お取返しなさいませ。
196	tepeskeko	あんなに沢山、
197	iso a=yanke yakka	海幸をおやりになっても
198	toy aynu utar	卑しい人間たち
199	wen aynu utar	悪い人間たちは
200	eyayrayke ka	有難いとも
201	somo ki no	思わず
202	ene ikici hi tan."	こんな事をします。」
203	hawokay ciki	と云うので
204	ci=emina,	私は笑って
205	itak=as hawe	云う
206	naykosanu,	こと
207	ene okay:——	には
208	"aynupito utar	「私は人間たちに
209	ci=korpare p	くれてやったもの
210	ne kusu	だから
211	tane anakne	今はもう
212	kor pe ne wa an pe	自分の物だから、
213	aynupito utar	人間たちが

185 mukar 斧。まさかり。ari 〜で。

186 [i（もの）y（挿入音）ok（をひっかける）pe（もの）]＝鎌。
幌別、旭川、宗谷などの方言では iyoppe という。

188 tawki （刃物で）〜をたたき切る。

189 tokpa 〜をつつく。〜をたたきほぐす。
原文 toppatoppa となっているが、あとの217、302で
は tokpatokpa となっているので、訂正した。

190 kewre 〜を削る。kor okay 〜しつつある。
na 〜よ。

193 kéke さあ。hetak さあさあ。掛け声。誘う声。
kéke hetak さあ、早く。

195 [oka（の後ろ）etaye（を引く）] yan 〜なさい。命令形
のていねいな言い方。

196 tepeskeko 豊饒 ｛バチェラー辞典｝。

197 iso 獲物。[a＝（あなた様）yanke（を陸に上げる）]
yakka （たとえ）〜しても。

200 [e（〜について）yayrayke（感謝する）] ka 〜も。

202 ene このような。ikici 物事をする。hi こと。

203 hawokay （彼が）言う。hawean の複数形。

204 [ci＝（私）emina（〜を笑う）]

205 [itak（言う）=as（私）] hawe 〜の声。

206 naykosanu （金物などが）チャリンと鳴る音。言葉の鮮
やかなことの形容。

207 ene このように。okay ある。an の複数形。

209 [ci＝（私）korpare（〜に〜を与える）] p もの。

210 ne である。kusu 〜から。

212 kor pe （自分の）持ち物。ne wa an である。pe もの。

—203—

第8話　海の神が自ら歌った謡「アトイカトマトマキ、クントテアシ、フム、フム！」

214	yaykota kor pe	自分の持物を
215	iyoppe ari hene	鎌でつつこうが
216	mukar ari hene	斧で
217	tokpatokpa	削ろう
218	mespamespa	が
219	nékona hene	何うでも
220	ene kan rusuy hi nepkor	自分たちの自由に食べたらいい
221	kar wa epa ko	ではないかそれが
222	nékon ne hawe ？"	何うなのだ。」
223	itak=as awa	というと
224	atuycakcak	海のごめは
225	eramuka	所在無げに
226	patek kane	して
227	okay korka,	いるけれども
228	senne ponno	私はそれを少しも
229	ci=ekottanu	構わず
230	atuy so ka ta	海の上を
231	moyre herori	ゆっくりと
232	ci=koyaykurka	およい
233	oma kane	で
234	tane cup ahun	もう日が暮れよう
235	kotpoke ta	としている時に、
236	ci=kor atuy	私の海
237	ci=kosirepa.	へ着いた。
238	inkar=as awa	見ると
239	tun ikasma	十二人
240	wan ci=yupi	の兄様、
241	tun ikasma	十二人
242	wan ci=saha	の姉様は、
243	néa humpe arke	あの半分の鯨を

214 yaykota 自ら。kor pe 持ち物。

215-6 hene 〜でも。

219 nékona どんなに。hene 〜でも。

220 ene このように。kan=kar をする。rusuy 〜たい。
hi こと。nepkor のように。

221 kar をする。wa 〜て。[e(を食べる)pa(多数回を表す)] ko 〜と。

222 nékon どのように。ne である。
hawe ? 〜こと(か)。

225 eramuka 他に用例が見当たらないが、次行の patek とともに、「心に思うばかり」という意味か。

234 tane いま。cup 日。ahun 入る。

235 kotpoke 〜する直前。ta 〜に。

236 [ci=(私)kor(の)] atuy 海。

237 [ci=(私)ko(〜に)sirepa(着く)]

239 tun 二人。ikasma 余る。

240 wan 十。前行の tun ikasma とともに「十二人」。
[ci=(私)yupi(の兄)]

242 [ci=(私)saha(の姉)]

243 néa あの。humpe 鯨。arke 〜の半分。

捕鯨シーンを描いたとみられる骨製針入れ
(オホーツク文化、650年ごろ)レプリカ

第8話　海の神が自ら歌った謡「アトイカトマトマキ、クントテアシ、フム、フム！」

244	nimpa koyaykus	はこびきれなくて
245	ukohayasi	みんなで掛声
246	turpa kane,	高く
247	si atuypa ta	海の東に、
248	ukoyayeramusitne	グヅグヅして
249	kor okay.	いる。
250	siyoro kewtum	私は実にあきれて
251	ci=yaykore.	しまった。
252	senne ci=ekottanu	私はそれに構わずに
253	ci=uncisehe	家へ
254	ci=kohekomo,	帰り、
255	amset kasi	高床の上に
256	ci=ehorari.	すわった。
257	tap orowa	そこで
258	si oka un	後ふりかえって
259	aynu mosir	人間の世界
260	ci=kohosari	の方を
261	inkar=as awa,	見ると、
262	ci=yanke a	私が打上げた
263	humpe arke	一つ半
264	etu humpe	の鯨の
265	okarino	まわりをとりまいて
266	nispa utar	りっぱな男たちや
267	katkemat utar	りっぱな女たちが
268	usiyuk ko	盛装
269	turpa kane	して
270	iso etapkar	海幸をば喜び舞い
271	iso erimse,	海幸をば歓び躍り
272	makun hunki	後ろの砂丘
273	hunki ka ta	の上には
274	okitarunpe	りっぱな敷物が

244 nimpa 引く。koyaykus ～できない。しかねる。

245 [uko（ともに）hayasi（＜日本語「囃子」か）]

246 turpa ～を伸ばす。turi の複数形。

248 [uko（ともに）yayeramusitne（難儀する）]

250 siyoro 驚く。kewtum 心持ち。

251 [ci＝（私）yay（自分に）kor（を持つ）e（させる）]＝（自分が）持つ。re（させる）は前の要素の語尾が r の場合、r が省略される。つまり、kor-re → kor-e となる。

253 [ci＝（私）un（～の）cisehe（の家）]

254 [ci＝（私）ko（～に）hekomo（帰る）]

258 si 自分。oka ～の後ろ。un ～にある。

260 [ci＝（私）ko（に向かって）hosari（振りかえる）]

262 [ci＝（私）yanke（陸に上げた）]　a ～した（完了）。

263-4　arke 半分。etu で二つ。つまり「一つ半」。

265 okarino まわりをとりかこんで。

268 [u（互いに）siyuk（盛装する）]　ko ～と。

269 turpa ～を伸ばす。人々の列をなすようす。

270 iso 獲物。[e（～について）tapkar（舞踏する）]

271 [e（～について）rimse（踊る）]

272 [mak（奥）un（にある）]　hunki 砂丘。

274 okitarunpe 菅で織り、茶褐色の楡の皮をはめ、さらに黒く染めた皮を交えて紋様を出した敷物。

寄り鯨　鯨は浜へ乗り上げると海へ戻ることができない。誤って、またはシャチに追われて乗り上げることがある。これが寄り鯨と呼ばれる。シャチは乗り上げても、柔軟な体と前びれを使って少しずつ向きを変え、海へ戻ることができる。

第8話　海の神が自ら歌った謡「アトイカトマトマキ、クントテアシ、フム、フム！」

275	sóho ne wa	敷かれて
276	kasike ta	その上に
277	Otasut kotan	オタシュツ村の
278	kotan kor ^{n} nispa	村長が
279	iwan kosonte	六枚の着物に
280	kokutkor	帯を束ね、
281	iwan kosonte	六枚の着物を
282	opannere,	羽織って、
283	kamuy paunpe	りっぱな神の冠、
284	ekas paunpe	先祖の冠を
285	kimuyrarire	頭に冠り、
286	kamuy ranke tam	神授の剣を
287	sitomusi	腰に佩き
288	kamuy siri ne	神の様に美しい様子で
289	tekrikikur	手を高く
290	puni kane	さし上げ
291	onkami kor an.	礼拝をしている。
292	aynupito utar	人間たちは
293	cis turano	泣いて
294	iso enupetne	海幸をよろこんで
295	kor okay.	いる。
296	neyke tap ne	何を
297	atuycakcak	ごめが
298	aynupito utar	人間たちが
299	mukar ari	斧で
300	iyoppe ari	鎌で
301	ci=yanke humpe	私の押上げた鯨を
302	tokpatokpa ari	突っついていると
303	hawokay awa,	言ったが、
304	kotan kor ^{n} nispa hemem	村長をはじめ
305	kotan kor utar,	村民は、

—208—

275 sóho ～の座。ne になる。wa ～て。
278 kotan 村。kor を支配する。nispa りっぱな人物。
279 iwan 六つの。kosonte ＜日本語「小袖」。りっぱな絹の着物。
280 [ko(～に)kut(帯)kor(を持つ；を締め)]
282 opannere を羽織る。279 ～ 282 常套句。
283 [pa(頭)un(にある)pe(もの)]= 礼冠。
284 ekas 先祖。祖父。この 2 行、対句。
285 [kimuy(頂)rarire(下へ押し付ける)]= 頭に冠る。
286 kamuy 神。ranke ～を下ろす。tam 剣。
287 [si(自分)tom(～の体の真ん中)usi(～に～をつける)]
288 kamuy 神。siri ～のようす。ne ～で。
289 [tek(手)rikikur(高高と)]
290 puni ～を持ち上げる。kane ～しながら。
291 onkami 拝む。kor an ～している。
293 cis 泣く。turano ～ながら。
294 iso 獲物。enupetne ～を喜ぶ。
295 kor okay ～している。kor an の複数形。
296 neyke どこに。tap ne これ。強めのことば。
303 hawokay 言う。awa ～したが。
304 hemem ～も。hemhem の短縮形。hem の強調形。

ekaspaunpe エカシパウンペ （先祖の冠）

第8話　海の神が自ら歌った謡「アトイカトマトマキ、クントテアシ、フム、フム!」

306	husko toy wano	昔から
307	ikor sokkar ^{n} ne kor	宝物の最も尊いものとしている
308	kamuy posomi	神剣を
309	sapte wa	取り出して
310	ari ica wa	それで肉を斬って
311	rurpa kor okay.	搬んでいる、
312	orowano	それから、
313	ci=yuputari	私の兄様たち
314	ci=sautari	姉様たちは
315	arki siri	帰って来る様子
316	oarar isam.	もない。
317	tutko rerko	二日三日
318	síran awa	たった時、
319	puray orun	窓の方に
320	ci=siksama	何か見える
321	ciikurure,	様だ、
322	tanpe kusu	それで振り返って
323	inkar=as awa,	見てみると、
324	rorun puray	東の窓の
325	puray ka ta	上に
326	káni tuki	かねの盃に
327	kampasuy kan	あふれる
328	momnatara,	程
329	sake o kane	酒がはいっていて
330	kasike ta	其の上に
331	kikeuspasuy[1]	御幣を取りつけた酒箸が

---

[1] 御幣で飾りをつけたものであって、神様にお神酒を上げる時に使います、此の kike-us-pasuy は人間の代理を勤めて人間が神様に言おうと思う事を神様の所へ行って伝えると云います。御幣をつけていない普通の箸を iku pasuy と云います(酒宴の箸)。

306　husko 昔。toy 程度を強める。wano ～から。
307　ikor 宝物。sokkar 積ル(雪ノ如ク){バチェラー}。
　　「積むように置かれるもの」とでもいう意味か。
308　posomi(＜日本語「細身」)刀の一種。
309　[sap(出す)te(させる)]　wa ～て。
310　ari それで。[i(もの)ca(を削り取る)]　wa ～て。
311　rurpa ～を運ぶ。rura の複数形。
315　arki 来る。ek の複数形。siri ～のようす。
316　oarar まったく。isam ない。
318　síran (時間が)たつ。awa ～したところ。
319　puray 窓。orun ～の方に。
320　[ci=(私)sik(目)sama(～のそば)]＝ 私の目の前。
321　[ci(自ら)i(もの)kuru(近づく {バチェラー})re(させる)] ものが近づく。
322　tanpe これ。こう。kusu ～なので。
324　[ror(上座)un(にある)puray(窓)]＝ 東窓。神窓。
325　puray 窓。ka ～の上。ta ～に。
326　káni ＜日本語「金」。tuki ＜日本語「杯」。
327　[kampasuy(渡した酒箸)]　kan ～の上。
328　[mom(流れる)natara(状態の継続を表す接尾辞)]
329　sake 酒が。o ～に入っている。kane ～いて。
331　[kike(削り花)us(～をとりつけた)pasuy(酒箸)]

kikeuspasuy キケウシパスイ (幣つき酒箸)

—211—

第8話　海の神が自ら歌った謡「アトイカトマトマキ、クントテアシ、フム、フム!」

332	an kane síran ko,	載っていて、
333	hosipi ranke	行きつ戻りつ、
334	sonko ye hawe	使者としての口上を述べて
335	ene okay:——	云うには……
336	"ciokay anak	「私は
337	Otasutunkur	オタシュツ村の人
338	ci=ne wa	で
339	oripak=as yakka	畏多い事ながら
340	pasuy epuni	おみきを差上げ
341	a=ki siri ne na." ari	ます。」と
342	Otasut kotan	オタシュツ村の
343	kotan kor ^{n} nispa	村長が
344	kor utari	村民
345	opittano	一同を
346	kotcake ne	代表に
347	un=koyayrayke katuhu	私に礼をのべる次第を
348	omommomo,	くわしく話し、
349	"Tominkarikur	「トミンカリクル
350	Kamuykarikur	カムイカリクル、
351	Isoyankekur	イソヤンケクル、
352	páse kamuy	大神様
353	kamuy rametok	勇ましい神様
354	somo oya pe	でなくて誰が
355	tan koraci	此の様に
356	ci=kor kotani	私たちの村に
357	kémus wa	飢饉があって
358	tane anakne	もう、
359	yaywennukar=as pakno	何うにも仕様がない程
360	epsak=as rápok ta	食物に窮している時に
361	un=erampokiwen pe tan.	哀れんで下されましょう。

332 an ある。kane 〜て。síran のようすである。

333 hosipi 戻る。ranke（くりかえし）〜する。
行きつ戻りつ。

334 sonko 言づて。ye 言う。hawe 〜のこと。

336 ciokay 私。anak 〜は。

337 [Otasutu（オタシッツ村）un（に居る、の）kur（人）]

338 [ci＝（私）ne（である）] wa 〜て。

339 [oripak（かしこまる）＝as（私）] yakka 〜けれども。

340 pasuy 酒箸。epuni 〜をあげる。

341 [a＝（私）ki（をする）] siri 〜こと。ne である。na よ。

344 kor 〜を支配する。utari 〜の人々。

346 {kotcake 〜の前。ne 〜に。} ＝〜を代表して。

347 [un（私に）ko（に対して）yayrayke（感謝する）]
katuhu 〜のいきさつ。

352 páse 重い。偉大な。

353 rametok 勇者。

354 somo なく。{oya ほかの。pe 人。} ＝ほかの誰が。

355 tan この。koraci 〜のように。

356 [ci＝（私たち）kor（の）] kotani 〜の村。所属形。

357 [kem（飢饉）us（〜がつく）]＝飢饉になる。wa 〜て。

359 [yay（自分）wen（悪い）nukar（を見る）＝as（私たち）]＝ 私
たちが困る。pakno 〜ほど。

360 [e（を食べる）p（もの）sak（〜がない）＝as（私たち）]
rápok 〜の間。ta 〜に。

361 [un（私たちを）erampokiwen（〜を憐れむ）] pe 者。
354の oya pe がここまでかかり、「ほかの誰が〜の私
たちを憐れんでくれる者がありましょうか」となる。

—213—

第8話　海の神が自ら歌った謡「アトイカトマトマキ、クントテアシ、フム、フム!」

362	ci=kor kotani	私たちの村に
363	ciramatkore	生命を与えて
364	un=ekarkan ruwe,	下さいました事、
365	iyayraykere,	誠に有難う御座います、
366	iso ci=enupetne kusu	海幸をよろこび
367	pon tonotopo	少しの酒を
368	ci=kar ki wa	作りまして、
369	pon inawpo	小さな幣を
370	ci=kotama	添え、
371	páse kamuy	大神様に
372	ci=koyayattasa	謝礼
373	ki siri tapan na."	申上る次第であります。」
374	ari okay pe,	という事を
375	kikeuspasuy	幣つきの酒箸が
376	hosipi ranke	行きつ戻りつ
377	ecaranke.	申立てた。
378	sirki ciki	それで私は
379	cirikipuni=as	起上がって、
380	káni tuki	かねの盃を
381	ci=uyna wa	取り、
382	ci=rikunruke	押し
383	ci=raunruke	いただいて
384	rorun ʸ so ka ta	上の座の
385	iwan ʸ sintoko	六つの酒樽の
386	puta ci=maka,	蓋を開き
387	pirka sake	美酒を
388	ponno ranke	少しづつ
389	ci=omare íne	入れて
390	káni tuki	かねの盃を
391	puray ka un	窓の上に
392	ci=ante.	のせた。

363 [ci(自ら)ramat(魂)kore(を与える)]= 生命を与える。

364 [un=(私たちに)ekarkar(〜をする)]　ruwe 〜こと。
　　　この 2 行、中相形表現。ekarkar は前行を受ける。

367 pon 少し。[tonoto(酒)po(指小辞)]

368 [ci=(私たち)kar(〜を作る)]　ki をする。wa 〜て。

370 [ci=(私たち)kotama(〜をいっしょにする)]

372 [ci=(私たち)ko(に対して)yayattasa(返礼をする)]

373 ki をする。siri 〜こと。tapan です。na 〜よ。

377 ecaranke 〜を申し立てる。オタシュツ村で捧げた幣
　　　つき酒箸が、ひとりでにシャチの神の国へ届いて、
　　　村長の感謝のことばを伝えるというわけ。

379 [ci(自ら)riki(上へ)puni(〜を上げる)=as(私)]= 起上る。

381 [ci=(私)uyna(を取る)]　wa 〜て。

382 [ci=(私)rik(上に)uyru(に位置する)ke(他動詞化語
　　　尾)]

383 [ci=(私)ra(低く)uyru(に位置する)ke(他動詞化語尾)]
　　　この 2 行、盃を捧げ持って上下し、拝礼するよう。

384 [ror(上座)un(の)so(座)]　ka 〜の上。ta 〜に。

386 puta ふた。[ci=(私)maka(を開く)]

388 ponno 少し。ranke 〜ずつ。

389 [ci=(私)omare(〜に入れる)]　íne=híne 〜して。

391 puray 窓。ka 〜の上。un 〜に。

392 [ci=(私)an(ある、置く)te(させる)]= 載せる。

シャチの生態を知り尽くした形象　第 8 話の物語は、何代
にもわたって海漁を続けてきた民族でなければ語れない話
題です。幸恵の故郷、幌別が鯨の集まる噴火湾に近い故の
物語です。弟の知里真志保は「アイヌ民族は海洋民族であ
る」と言いました。

第8話　海の神が自ら歌った謡「アトイカトマトマキ、クントテアシ、フム、フム！」

393	tap orowa	それが済むと、
394	amset kasi	高床の上に
395	ci=osorusi,	腰を下し
396	inkar=as awa	見ると
397	néa tuki	あの盃は
398	pasuy turano	箸と共に
399	oarar isam.	なくなっていた。
400	orowano	それから、
401	kepuspe nuye	鞘を刻み
402	sirka nuye	鞘を彫り、
403	ci=ki kor	していて
404	okay=as ayne,	やがて
405	hunakpake ta	ふと
406	hepuni=as wa	面をあげて
407	inkar=as awa	見ると、
408	cise upsoro	家の中は
409	pirka inaw	美しい幣で
410	ciesikte,	一ぱいになっていて
411	cise upsoro	家の中は
412	retar úrar	白い雲が
413	etusnatki,	たなびき
414	retar imeru	白いいなびかりが
415	esimaka kor síran.	ピカピカ光っている。
416	anramasu	私はああ美しいと
417	ci=uwesuye.	思った。
418	orowano suy	それからまた、
419	tutko rerko	二日三日
420	síran ayke,	たつと、
421	otta easir	その時やっと、
422	cise soyke un	家のそとで、
423	ci=yuputari	兄様たちや

—216—

395 [ci=（私）osor（尻）usi（〜に〜をつける）]＝腰を下ろす。

397 néa あの。tuki 杯。

398 pasuy 酒箸。turano 〜といっしょに。

399 oarar まったく。isam ない。

401 [kep（先）us（についている）pe（もの）]＝さや。
　　　nuye 〜を彫る。

402 sirka 飾り用の刀のさや。

403 [ci=（私）ki（をする）]　kor 〜しながら。

404 [okay（いる）=as（私）]　ayne 〜したあげく。

406 [he（頭）puni（を上げる）=as（私）]

408 cise 家。upsoro 〜の中。

410 [ci（自ら）esik（〜で満ちる）te（させる）]＝いっぱいだ。

412 retar 白い。úrar 雲。霧。霞。もや。

413 etusnatki 〜に満ちあふれる。

414 imeru いなびかり。

415 esimaka ぱっと輝き ｛金ユ集Ⅵ -64｝kor しながら。
　　　síran 〜のようすである。

416 [an（＜ ar（全く）ramasu（好ましい）]

417 [ci=（私）uwesuye（〜が楽しい）]　この２行、常套句で、
　　　「私はああ美しいと思う」の意。

421 otta この場合は「そのとき」の意。
　　　[e（〜で）asir（新しい）]＝はじめて。

シャチの群と能力　母親を中心とした家族的な群を作る。
泳ぐ速さは時速55キロほどで海の最速のハンター。速さを
生み出す秘密は流線形の体型とチーターと同じ運動をする
骨格にある。尾びれを上下に動かして推進力を増す。

第8話　海の神が自ら歌った謡「アトイカトマトマキ、クントテアシ、フム、フム！」

424	ci=sautari	姉様たちが
425	ukohayasi	掛声
426	turpa kane,	高く
427	néa humpe	あの鯨を
428	nimpa wa	引張って
429	arki hum as.	来たのがきこえだした。
430	siyoro kewtum	私はあきれて
431	ci=yaykore.	しまった。
432	cise upsor un	家の中へ
433	ahup siri	はいる様子を
434	ci=nukar ko,	眺めると、
435	ci=yuputari	兄様たちや
436	ci=sautari	姉様たちは
437	sinki ruy pe	たいへん疲れて、
438	ipottum konna	顔色も
439	sumnatara.	萎れている。
440	siaworaypa,	みんなはいって来て、
441	inaw ikir	沢山の幣を
442	nukan rok wa	見ると、
443	homatpa wa	驚いて
444	onkami rok	みんな何遍も
445	onkami rok.	何遍も拝した。
446	rápoke ta	其のうちに
447	rorun ʸ so ka ta	東の座の
448	iwan ʸ sintoko	六つの酒樽は
449	kampasuy kan	溢れるばかりに
450	momnatara,	なって、
451	kamuy erusuy pe	神の好物の
452	sake húra	酒の香が
453	cise upsor	家の中に
454	epararse.	漂うた。

—218—

425 [uko（ともに）hayasi（掛け声をたてる）]

426 ukohayasi turpa 掛け声そろえる。kane 〜して。

427 néa あの。humpe 鯨。

428 nimpa 〜を引きずる。wa 〜て。

429 arki 来る。hum 音。as 〜がする。

430 siyoro 驚く。あきれる。kewtum 心。

431 [ci=（私）yay（自分に）kore（を持たせる）]

432 cise 家。upsor の中。un 〜へ。

433 ahup 入る。ahun の複数形。siri 〜のようす。

434 [ci=（私）nukar（を見る）] ko 〜と。

437 sinki 疲れる。ruy ひどく〜する。pe 〜こと。

438 [ipor（顔色）tum（の中）] konna 〜は。

439 [sum（擬態；しおれる）natara（状態の継続）]

440 [si（自身を）aw（内）o（に）raypa（寄せる）]

441 inaw 幣。ikir 束。列。

442 nukan=nukar rok（完了）〜た。wa 〜て。

443 homatpa 驚く。homatu の複数形。wa 〜て。

444-5 onkami 拝む。rok 完了。

446 rápoke 〜間。ta 〜に。

447 [ror（上座）un（にある）] so 座。ka の上。ta に。

448 iwan 六つの。sintoko 酒器。

449 [kam（上の）pasuy（酒箸）] kan の上に。

450 [mom（流れる）natara（状態の継続を表す接尾辞）]

451 kamuy 神。[e（を食べる）rusuy（〜したい）pe（もの）]
    ＝好物。

452 sake 酒。húra の香り。

454 epararse パーッとひろがり漂う。

—219—

第8話　海の神が自ら歌った謡「アトイカトマトマキ、クントテアシ、フム、フム！」

455	orowano	それから
456	cise upsoro	私は、
457	pirka inaw	美しい幣で
458	ci=etomte,	家の中を飾りつけ、
459	tuyma kamuy	遠方の神
460	hanke kamuy	近所の神を
461	aske ci=uk,	招待し
462	sisak tonoto	盛んな酒宴
463	ci=ukoante.	を張った。
464	ci=sautari	姉様たちは
465	humpe suypa	鯨を煮て、
466	kamuy utar	神たちに
467	kopumpa ko	出すと、
468	kamuy utar	神たちは、
469	ukoohapse	舌鼓を打って
470	eciw kane.	よろこんだ。
471	cikup noski	宴酣
472	oman kane	の頃
473	cirikipuni=as,	私は起上り
474	tap ne tap ne	斯斯、
475	aynu mosir	人間世界に
476	kémus wa	飢饉があって、
477	ci=erampokiwen,	あわれに思い、
478	iso ci=yanke	海幸を引上げた
479	katuhu hemem	次第や
480	aynupito utar	人間たちを
481	ci=pirkare ko	よくしてやると、
482	wen kamuy utar	悪い神神が
483	un=keske kusu,	それをねたみ、
484	atuycakcak	海のごめが
485	un=kewtumwente	私に中傷した

456 cise 家。upsoro 〜の中。

458 [ci=(私)e(〜で)tomte(〜を光るようにする)]

459-460 tuyma 遠い。kamuy 神。hanke 近い。

461 {aske 手。[ci=(私)uk(〜を取る)]} = 招待する。

462 sisak めったにない。tonoto 酒宴。

463 [ci=(私)uko(ともに)ante(置く)]= 催す。

465 suypa 〜を煮る。suye の複数形。

467 [ko(に対して)pumpa(をあげる)] ko 〜と。

469 [uko(共に)o(に対して)hapse(嘆賞の声)]

470 eciw を立てる。kane 〜して。

471 cikup 酒宴。noski 〜の最中。〜の酣。

472 oma 〜に入る。

473 [ci(自ら)riki(上へ)puni(〜を上げる)=as(私)]= 立上る。

474 tap こう。ne 〜である。

478 iso 獲物。[ci=(私)yanke(〜を陸に上げる)]

479 katuhu 事情。いきさつ。次第。hemem 〜も。
486と対応、「〜も、〜も」と並列になる。

481 [ci=(私)pirka(よい)re(させる)]= よくしてやる。

482 wen 悪い。kamuy 神。utar 〜たち。

483 [un=(私を)keske(〜をねたむ)] kusu 〜ので。

485 [un=(私に)kewtum(心)wen(悪い)te(させる)]= 私を
中傷する。

シャチの鯨狩り 頭脳的な連係プレイで、親子づれの子ク
ジラをねらう。子クジラの上に乗りかかって沈め息継ぎを
できなくさせ、おぼれさせる作戦をとる。子どもは必死で
母親の体の上へ逃げたり、母親も必死でシャチと争う。シ
ャチの狩りが必ず成功するわけでもない。母親が子を守り
果たせる場合も多い。

第8話　海の神が自ら歌った謡「アトイカトマトマキ、クントテアシ、フム、フム！」

486	katuhu hemem,	事や、
487	Otasut kotan	オタシュツ村の
488	kotan kor ^{n} nispa	村長が
489	ene ene	斯斯の言葉をとって
490	un=koyayrayke wa	私に礼をのべ
491	kikeuspasuy	幣つきの酒箸が
492	sonko kor wa	使者になって
493	ek katuhu	来た事など
494	ci=omommomo	詳しく
495	ci=ecaranke ko,	物語ると、
496	kamuy utar	神たちは
497	ir-hetce haw	一度に揃って
498	iri-humse haw	打ちうなづき
499	ukoturpa	つつ、
500	i=ramye hawe	私をほめ
501	kari kane.	たたえた。
502	orowano suy	それからまた、
503	sisak tonoto	盛んな宴を
504	ci=ukoante,	はり
505	kamuy utar	神たちの、
506	cikup so pa ta	其処に
507	cikup so kes ta	此処に
508	tapkar humi	舞う音
509	rimse hawe	躍る音は
510	tununitara,	美しき響をなし、
511	ci=sautari	姉様
512	nimaraha	たちは
513	anipuntari	提子を
514	anpa kane	持って
515	cikup so utur	席の間を
516	erutke,	酌してまわるもあ
517	nimaraha	り、

—222—

489 ene このように。
490 [un=(私に)ko(に対して)yayirayke(感謝する)]
491 [kike(削り花)us(〜に〜がつく)pasuy(酒箸)]
492 sonko 言づて。kor を持つ。wa 〜て。
493 ek 来る。katuhu 事情。次第。
494 [ci=(私)omommomo(〜をくわしく述べる)]
495 [ci=(私)ecaranke(〜を物語る)] ko 〜と。
496 kamuy utar 神たち。
497 [ir(一つづき)hetce(ヘッヘッという声)] haw の声。
498 [iri(一つづき)hum(フムフム言う声)se(と言う)]
499 [uko(ともに)turpa(を展ばす)]
500 [i(私を)ramye(称えほめる)] hawe 〜の声。
501 kari 廻る。kane 〜して(いる)。
506 cikup 酒宴。so 座。pa 上。ta 〜に。
507 kes 端。
508 tapkar 踏舞をする。humi 〜の音。
509 rimse 舞踊をする。
510 [tunun(金の音の擬音;チリン)itara(継続の接尾辞)]
 =美しく響く。
512 nimaraha (数ある中の)一部。連れ。
513 [ani(手に持つ)puntari(銚子)]=両口の銚子。
514 anpa 〜を手に持つ。kane 〜して。
515 cikupso 酒席。utur の間。
516 erutke 酌してまわる。

右図：ノートに描かれた幸恵の絵
「両口の提子」提子とルビがある。

—223—

第8話　海の神が自ら歌った謡「アトイカトマトマキ、クントテアシ、フム、フム！」

518	kamuy menokutar	女神たち
519	eutanne	と共に
520	heciri hawe	美しい声で
521	tununitara.	歌うもある。
522	tutko rerko	二日三日
523	síran ko	たって
524	iku a=okére.	宴を閉じた。
525	kamuy utar	神神に
526	pirka inaw	美しい幣を
527	tup rep ranke	二つ三つづつ
528	ci=korpare ko	上げると
529	kamuy utar	神神は
530	ikkew noski	腰の央を
531	komkosanpa,	ギックリ屈めて
532	onkami rok	何遍も
533	onkami rok,	何遍も礼をして、
534	opittano	みんな
535	uncisehe	自分の家に
536	kohekompa.	立帰った。
537	okakehe ta	そのあと
538	ramma kane	何時でも同じく
539	tanne yupi	長い兄様
540	iwan yupi	六人の兄様
541	tanne sápo	長い姉様
542	iwan ʸ sápo	六人の姉様
543	takne sápo	短い姉様
544	iwan ʸ sápo	六人の姉様
545	takne yupi	短い兄様
546	iwan yupi	六人の兄様
547	tura okay=as.	と一しょにい、

—224—

519 [e(と)utar(仲間)ne(になる)]

520 heciri 歌ったり踊ったりする。hawe ～の声。

522 tutko 二日。rerko 三日。

523 síran (時が)たつ。kor ～と。

524 iku 飲酒。[a=(人々)okere(～を終る)]

527 tup 二つ。rep 三つ。ranke ～ずつ。

528 [ci=(私)korpa(～を持つ)re(させる)] ko ～と。

530 ikkew 腰。noski ～の真ん中。

531 [kom(曲げる)kosanpa(急に～する)]

536 [ko(～に)hekompa(戻る)]

537 okakehe ～のあと。ta ～に。

538 ramma いつも。kane ～したように。

547 tura ～といっしょに。[okay(いる)=as(私)]

名取武光著『噴火湾アイヌの捕鯨』鯨の種類とアイヌ①

　噴火湾アイヌが寄り鯨として、あるいは原始的な捕鯨によって、直接解体して見たり、また出漁の際に観察して得た知識によって、区別し命名している鯨の種類は約七種類であるが、これに海豚の類を加えた、いわゆる鯨目（いるか）を大きく三つに分けている。即ち鯨（フンベ）と海豚（タンヌップ）とに大別し、その外に鯱（しゃち）（カムイフンベ）を独立させている。歯鯨も髭鯨もフンベの中に総括してしまい、海豚を区別していながら、やはりシャチだけを、カムイフンベと呼んで、特別扱いにしているのはかれらが命名する場合、体形のみではなくシャチが恐るべく巨大な鯨を駆逐して、鋭い逆鰭に引っ掛けてほうり、海岸に打ち揚げてアイヌに莫大な食糧を与える（中略）猛勇ぶりが昔のアイヌ民族の尊敬を買ったもので、カムイフンベ（シャチ）は生き神であって、（中略）鯱だけを独立に考えたのである。

第8話 海の神が自ら歌った謡「アトイカトマトマキ、クントテアシ、フム、フム！」

548	aynupito utar	人間たちが
549	sake kar ko	酒を造ると
550	pisno pisno	その度毎に
551	un=nomi	私に酒を送り
552	un=orun	私のところへ
553	inaw epumpa ranke.	幣をよこす。
554	tane anakne	今はもう、
555	aynupito utar	人間たちも
556	nep erusuy	食物の不足も
557	nep erannak pe ka	何の困る事も
558	isamno	無く
559	ratcitara	平穏に
560	okay kusu,	暮しているので、
561	ci=eramusinne wa okay=as.	私は安心をしています。

名取武光著『噴火湾アイヌの捕鯨』鯨の種類とアイヌ②

噴火湾アイヌは、鯨目を次のごとく区別している。

一、フンベ（鯨類）
  1．ノコルフンベ　　　　2．シノコルフンベ
  3．オアシペウシフンベ　4．クッタルフンベ
  5．オケクシフンベ　　　6．オサカンゲフンベ
  7．ヤキフンベ

二、カムイフンベ（鯱）
三、タンヌップ（海豚類）
  1．タンヌップ　　　　　2．トワイユック
  3．ヌノコンチコル　　　4．オコム

549 sake 酒。kar 〜を作る。ko 〜と。

550 [pis(一つひとつ)no(副詞化辞)]= 〜ごとに。

551 [un=(私に)nomi(お神酒をあげたりして〜をまつる)]

552 [un=(私の)orun(の所に)]

553 inaw 幣。epumpa 〜をよこす。ranke 繰り返し〜する。

554 tane いま。anakne 〜は。

555 aynupito utar 人間たち。

556 nep 何。[e(を食べる)rusuy(〜したい)]= ひもじい。

557 nep 何。erannak 〜に困る。pe こと。ka 〜も。

558 [isam(ない)no(副詞化辞)]

559 [ratci(静かである)itara(状態の継続を表す接尾辞)]

560 okay （暮して）いる。kusu 〜ので。

561 [ci=(私)eramusinne(〜のことで安心をする)]
　　wa 〜して。[okay(いる)=as(私)]

名取武光著『噴火湾アイヌの捕鯨』鯨の種類とアイヌ③
　各の鯨についても相当詳しく観察している。
ノコルフンベ（小イワシ鯨）　上下顎とも歯がなく、鯨鬚（フンベレク）があって白く、背鰭があり皺積（トウナイ）があり、噴気孔（タシンプイ）を有し、体長は比較的小さく、背面は暗黒色で、腹面は白く、比較的柔和なしく、春秋二季に多く見られ、、小魚群を追っているごとくである。湾内において燕形銛（キテ）を投げて獲るにも、多くこれを撰む。
シノコルフンベ（イワシ鯨）（歯、鯨鬚、背鰭、皺積、噴気孔、背面、腹面等前種に同じ。）体の形は、前種よりやや長く、長さも少し大きい。春季に多く見るが夏にも稀に見られる。（下略）

第8話　海の神が自ら歌った謡「アトイカトマトマキ、クントテアシ、フム、フム！」

名取武光著『噴火湾アイヌの捕鯨』捕鯨と銛①

　北海道の湘南地方である噴火湾の、三十五里の浜続きに、森・落部・遊楽部・虻田・礼文華・有珠等の大コタンが栄えて、お互いに血の通った間柄であった。此の内浦湾で、五月の温暖な季節になると、原始的の匂いを持つ、壮烈な捕鯨が行われた。浜切っての勇者である三荊八十六歳翁は、生涯に二本の鯨を突いた経験者であるから、その体験談を聞こう。（中略）

　わしらがフンベといっているのは七、八種あるが、その中で捕る鯨は二種類に限られている。三十年前のは、ノコルフンベという鯨で、十三尋あった。長万部の沖に出て魚を突いていると、午前九時頃であろうか鯨が現われた。約十間位も離れていた。年長者のエカシクチャが第一番のハナレを打ち込んだ。槲の柄の重みが力になって深く刺さった。鯨は抜き躍ねして海底深く沈んだ。廻っている。約一時間もたった頃、再び浮かび上った。潮を吹く。この時わしが第二番のハナレを付けた。また水底深く沈んで行った。約一時間半も経ってから再び浮び上って潮を吹く。シロマレが第三番のハナレを打ち込んだ。長万部の浜から東北方へ約一里半、静狩の沖まで、すばらしい勢いで移動した。途中十数本のハナレを打ち込んだので三艘の舟が十数本の手繰りひもで矢のように引かれて行った。

　舟が波を切る音、風が耳を切る音、お互いの声も聞えない。（中略）
そうこうしているうちに礼文華の沖で日が暮れて来た。鯨は廻っている。海はだんだん暗くなった。（中略）浜の方から礼文華村の屈強の男達が十数艘の舟を漕ぎ出して応援に来た。わしらも涙の出る程嬉しかった。男達は神祈りをしたり、ハナレを打ち込んだり、真暗闇の海面で潮光りを頼りに冒険極まる壮烈な活動が続いた。「首筋の柔らかい所をねらえ」とエカシクチャの声が幾度も聞えた。

—228—

名取武光著『噴火湾アイヌの捕鯨』捕鯨と銛②

　夜が更けて来ると寒い。鯨に引き廻されているので格別寒い。体中潮をかむってずぶ濡れである。五六十本の手繰りひもは鯨に引き廻されている間に絡み合って一束になっている。こういう事があるので、手繰りひもは、鯨に必ず右縄に作る事になっている。その中一本でも左縄があったら、撚りが戻って切れてしまう。

　夜中と思われる頃、鯨は浮き上って真っ直ぐに東へ五六里ブッ飛んだ。波を切る鯨も、舟縁も、一束になった手繰りひもも、潮光りして真っ青だ。みんな死物狂いで神々の名を呼び続けていたが、全く凄い気持ちだった。鯨の止まったのは虻田の沖らしい。そこでまた廻っている。時々浮き上っては潮を吹く。だんだん東の空が白んで来た。海を真紅に染めて日が昇りはじめた。

　しばらくして鯨は海底で動かなくなった。朝の八時頃であったろうか。突然グンと引いた。手繰りひもの束はプツンと切れた。鯨は抜き躍ねして、物すごい勢いで浜に向って突進した。虻田の街の真ん中のマキロ車の側の砂の中に頭部を打ち込んで往生した。

　浜には人が黒山だ。虻田の人々の喜びようは大したものだった。アイヌからお酒が一樽、街の有志から一樽、鯨の横の砂浜にござを敷き、幣柵を造って、老人達は「沖の神様、鯨をお授け下さって有り難う。肉と脂をいただいて、その代わり、このように幣とお酒を土産に供えて、鯨の魂を送ってさしあげますから、またどうぞ鯨を授けて下さるように」と神祈りをして大へんに喜んだ。

　この儀式は虻田村のエカシワッカ翁と、イタクニ翁が祭主になって、立派なものであった。

[編者評]　一昼夜にわたる人と鯨の死闘。生涯に二度しかなかった壮絶な狩り。人間の手による真の捕鯨。虻田の浜の歓喜と儀式は、第8話のオタシュツ村の歓喜と感謝の儀礼をほうふつさせる。

第9話　蛙が自ら歌った謡「トーロロハンロクハンロク！」

9　Terkepi yayeyukar

"Tororo hanrok hanrok ！"

1	sinean to ta	或日に、
2	mun tum péka	草原を
3	terketerke=as	飛廻って
4	sinot=as kor	遊んで
5	okay=as ayne	いるうちに
6	inkar=as awa,	見ると、
7	sine cise	一軒の家が
8	an wakusu	あるので
9	apa pake ta	戸口へ
10	paye=as wa	行って
11	inkar=as awa,	見ると、
12	cise upsot ta	家の内に
13	ikit tukari	宝の積んである側に
14	cituyeamset	高床が
15	cisireanu.	ある。
16	amset ka ta	其の高床の上に
17	sine okkaypo	一人の若者が
18	sirka nuye	鞘を刻んで
19	kokipsireciw	うつむいて
20	okay ciki	いたので、
21	ci=rara kusu	私は悪戯をしかけようと思って
22	toncikamani ka ta	敷居の上に
23	rok=as kane,	坐って、
24	"tororo hanrok,hanrok ！" ari	「トーロロ ハンロクンロク！」と
25	rek=as awa,	鳴いた、ところが、
26	néa okkaypo	あの若者は

—230—

第9話　蛙が自ら歌った謡
「トーロロハンロクハンロク！」

[題名]　terkepi 蛙。

2　mun 草。tum 〜の中。péka 〜（場所）を / で / に。
　　一点ではなく、線的・面的な場所を示す。

3　[terke（跳ねる）terke（重複）=as（私）]

7　sine 一つの。cise 家。

8　an ある。wakusu 〜ので。

9　apa 戸口。pake 上。ta 〜に。

12　cise 家。upsor 〜の内部。ta 〜に。

13　ikir 列。宝の積み重ねの山。tukari 〜の手前。

14　[ci（られる）tuye（切る）amset（高床）]= しつらえられた
　　寝台。

15　[ci（自ら）sir（地）e（〜に）anu（〜を置く）]= ある。

17　sine 一人の。okkaypo 若者。

18　sirka 飾り物の刀のさや。nuye 〜を彫る。

19　[ko（に対して）kip（をすること）sir（ようす）eciw（〜に
　　夢中である）]= うつむいた姿勢で彫刻に専念してい
　　る状態。

20　okay いる。ciki 〜していたところ。

21　[ci=（私）rara（〜からかう）]　kusu 〜するつもりで。

22　toncikamani 敷居。ka 〜の上。ta 〜に。

23　[rok（すわる）=as（私）]　kane 〜して。

24　ari 〜と。

25　[rek（鳴く）=as（私）]　awa 〜したところ。

26　néa あの。okkaypo 若者。

第9話　蛙が自ら歌った謡「トーロロハンロクハンロク！」

27	tam tarara	刀持つ手を上げ
28	un=nukar awa,	私を見ると、
29	sanca otta	ニッコリ
30	mína kane,	笑って、
31	"e=yukari ne ruwe ？	「それはお前の謡かえ？
32	e=sakehawe ne ruwe ？	お前の喜の歌かえ？
33	na henta ci=nu."	もっと聞きたいね。」
34	itak wa kusu	というので
35	ci=enupetne,	私はよろこんで
36	"tororo hanrok,hanrok ！" ari	「トーロロハンロクハンロク！」と
37	rek=as awa	鳴くと、
38	néa okkaypo	あの若者の
39	ene itaki：──	いう事には
40	"e=yukari ne ruwe ？	「それはお前のユーカラかえ？
41	e=sakehawe ne ruwe ？	サケハウかえ？
42	na hankeno ta	もっと近くで
43	ci=nu okay."	聞きたいね、」
44	háwas ciki	私はそれをきいて
45	ci=enupetne,	嬉しく思い
46	outurun	下座の方の
47	inumpe ka ta	炉縁の上へ
48	terke=as tek,	ピョンと飛んで
49	"tororo hanrok,hanrok ！"	「トーロロハンロクハンロク！」
50	rek=as awa	と鳴くと
51	néa okkaypo suy	あの若者の
52	ene itaki：──	いうことには
53	"e=yukari ne ruwe ？	「それはお前のユーカラかえ？

27 tam 刀。tarara ～を高く持ち上げる。

28 [un=(私を)nukar(を見る)] awa ～したところ。

29 [san(前の)ca(口)] [or(のところ)ta(で)]

30 mína 笑う。kane ～ながら。

31 [e(お前)yukari(～の謡い)] ne である。ruwe 動詞句
に終る節のあとでこれを名詞化する語。もの。

32 [e(お前)sake(酒)hawe(～の声)] sakehaw：酒に酔っ
て男性が歌う歌詞のない歌。

33 na もっと。まだ。henta(？)[hem(「他の」{バチチェ
ラー} ta(強意)] か？ [ci=(私)nu(を聞く)]

34 itak 話す。wa kusu ～ので。

35 [ci=(私)enupetne(～をよろこぶ)]

42 na もっと。[hanke(近い)no(副詞化辞)] ta ～で。

43 [ci=(私)nu(～を聞く)] okay ～したい。

44 [haw(声が)as(する)]= 言っているのが聞こえる。
ciki ～すると。

46 [o(その尻)útur(下座)un(にある)]
útur(下座)と utur(～の間)は、アクセントが違う。

47 inumpe 炉ぶち。ka ～の上。ta ～に。

48 [terke(跳ねる)=as(私)] tek ちょっと～する。

51 suy また。

53 金田一京助が「ユーカラ」と呼んだ英雄叙事詩は、
いまは yúkar ユカㇻと呼ぶのが一般的だが、語源的に
は「謡う」「まねる」という意味。yúkari というのは
[yúkar(謡う)i(もの／こと)]であろう。江戸時代の日
本人が記録したものにも「ユーガリ」という呼び方
が多い。

第9話　蛙が自ら歌った謡「トーロロハンロクハンロク！」

54	e=sakehawe ne ruwe ?	サケハウかえ？
55	na hankeno ta	もっと近くで
56	ci=nu okay"	聞きたいね。」
57	hawas ciki,	それを聞くと
58	síno ci=enupetne,	私は本当に嬉しくなって、
59	rorun inumpe	上座の方の炉縁の
60	sikkewe ta	隅のところへ
61	terke=as tek,	ピョンと飛んで
62	"tororo hanrok,hanrok ！"	「トーロロハンロクハンロク！」
63	rek=as awa	と鳴いたら
64	arekuskonna	突然！
65	néa okkaypo	あの若者が
66	matke humi	パッと起ち
67	siwkosanu,	上ったかと
68	hontomo ta	思うと
69	si apekes	大きな薪の燃えさしを
70	teksaykari	取上げて
71	un=ka un	私の上へ
72	eyapkir humi	投げつけた音は
73	ci=emonetok	体の前が
74	mukkosanu,	ふさがったように思われて、
75	patek ne tek	それっきり
76	nékona ne ya	何うなったか
77	ci=eramiskare.	わからなくなってしまった。
78	hunakpake ta	ふと
79	yaysikarun=as	気がついて
80	inkar=as awa,	見たら

54 sakehawe 歌詞のない節だけの歌で、男性が歌う。それを歌いながら舞うのが tapkar（踏舞）である。文字どおり [sake（酒）hawe（の声）] で、酒席での即興的な歌謡である。

59 [ror（上座）un（にある）]　inumpe 炉縁。

60 sikkewe 〜の隅。ta 〜に。

61 [terke（跳ねる）=as（私）]　tek ちょっと〜する。蛙の「私」は「若者」と同じような問答をくりかえすうち、その言葉に乗せられて、遠慮がなくなり、はじめは戸口の敷居の上で鳴いたのが、下座の炉縁へ入り、さらに上座の炉縁の隅へと移ってゆく。

64 [ar（まったく）ekuskonna（突然）]

66 matke ぱっと立ちあがる。humi 〜の音。

67 [siw（「サッ」とか「シュー」とかいう音）kosanu（瞬間に起こる状態を表す接尾辞）]

68 [hon（腹）tomo（〜の中）]= 途中。途端。ta 〜で。

69 si 大きな。[ape（火）kes（〜の端）]= 燃えさし。

70 [tek（手）say（一巻き）kar（つくる）e（させる）]= 〜をさっと手に取る。{田村辞典}

71 [un=（私の）ka（の上）]　un 〜へ。

73 [ci=（私の）e（〜で）mon（体）etok（の前）]

74 [muk（ふさがる）kosanu（急に〜する）]

75 patek ne tek [慣用句] それっきり。

76 nékon どのように。ne である。ya 〜か。

77 [ci=（私）eramiskare（覚えがない）]

79 [yay（自分）esikarun（を思い出す；e 脱落）=as（私）]= 気がつく。

—235—

第9話 蛙が自ら歌った謡「トーロロハンロクハンロク！」

81	mintar kes ta	芥捨場の末に、
82	sine pisene terkepi	一つの腹のふくれた蛙が
83	ray kane an ko	死んでいて、
84	asurpe utut ta	其の耳と耳の間に
85	okay=as kanan,	私はすわっていた。
86	pirka no	よく
87	inkar=as awa,	見ると、
88	úse aynu	ただの人間
89	un cisehe	の家
90	ne kuni	だと
91	ci=ramu a p	思ったのは、
92	Okikirmuy	オキキリムイ、
93	kamuy rametok	神の様に強い方
94	un cisehe	の家
95	ne awokay ko	なのであった、そして
96	Okikirmuy	オキキリムイ
97	ne i ka	だという事も
98	ci=erampewtek no	知らずに
99	irara=as ruwe	私が悪戯をしたの
100	ne awan.	であった。
101	ciokay anak	私は
102	tane tan koraci	もう此の様に
103	toy ray wen ray	つまらない死方悪い死方
104	ci=ki siri tapan na,	をするのだから、
105	téwano okay	これからの
106	terkepi utar	蛙たちよ、
107	itekki aynu utar otta	決して、人間たちに
108	irara yan.	悪戯をするのではないよ。
109	ari pisene terkepi hawean kor ray wa isam.	と、ふくれた蛙が云いながら死んでしまった。

81 mintar ごみ捨て場。kes 末端。ta 〜に。

82 sine 一つの。[pise(魚の浮き袋)ne(になる)]

83 ray 死ぬ。kane 〜して。an いる。ko 〜と。

84 asurpe 耳。utur 〜の間。ta 〜に。

85 [okay(いる)=as(私)]　kanan=kane an 〜している。

88 úse ただの。

90 ne である。kuni 〜と。

91 [ci=(私)ramu(〜と思う)]　a 〜た(完了)。p もの。

93 [ram(心)etok(優れている)]= 勇者。

95 [a(完了)w(挿入音)okay(ある)]=(気がついてみると)
   〜だった。ko すると。

97 ne である。i=hi こと。ka 〜も。

98 [ci=(私)erampewtek(を知らない)]　no 副詞化辞。

99 [irara(いたずらする)as=(私)]　ruwe 〜こと。

100 [a(完了)w(挿入音)an(ある)]=(意外にも)〜だった。
    幸恵は、awan, awokay, rokokay の3通りを使っている。
    rok は a の、okay は an のそれぞれ複数形。

102 tane いま。tan この。koraci 〜のように。

103 toy ひどい。ray 死。wen 悪い。ray 死。

104 [ci=(私)ki(をする)]　siri 〜こと。tapan 〜だ。
    na 〜するから(〜せよ)。

105 téwano これから。okay いる。ある。存在する。

107 itekki 決して〜するな。iteki の強調形。
    aynu utar 人間たち。otta のところで。

108 irara いたずらする。yan 〜しなさい。

109 ari 〜と。hawean 言う。kor しながら。
    ray 死ぬ。wa 〜で。isam しまった。

—237—

第10話　小オキキリムイが自ら歌った謡「クツニサクトンクトン」

10　Pon Okikirmuy yayeyukar

"Kutnisa Kutunkutun"

1	sinean to ta	或日に
2	petetok un	水源の方へ
3	sinot=as kusu	遊びに
4	paye=as awa,	出かけたら、
5	petetok ta	水源に
6	sine pon rupnekur	一人の小男が
7	nesko uray	胡桃の木の梁を
8	kar kusu	たてる為め
9	uray kik ne a p	杭を打つのに
10	kosanikkewkan	腰を曲げ曲げ
11	punaspunas.	している。
12	un=nukar awa	私を見ると、
13	ene itaki:──	いう事には…
14	"e=humna ?	「誰だ？
15	ci=karku ne kur	私の甥よ、
16	un=kasuy yan"	私に手伝ってお呉れ」
17	ari hawean.	という。
18	inkar=as ko	見ると、
19	nesko uray	胡桃の梁
20	ne p ne kusu	なものだから、
21	nesko wakka	胡桃の水
22	nupki wakka	濁った水
23	cisanasanke,	が流れて来て
24	kamuycep utar	鮭どもが
25	hemespa ko	上って来ると
26	nesko wakka	胡桃の水が
27	kowen kusu	嫌なので
28	cis kor hosippa.	泣きながら帰ってゆく。

第10話　小オキキリムイが自ら歌った謡
「クツニサクトンクトン」

[題名]　Pon Okikirmuy 人間の英雄オキキリムイの息子。

2　[pet(川)etok(〜の先)]＝水源。un の方。

3　[sinot(遊ぶ)=as(私)]　kusu 〜するため。

4　[paye(行く)=as(私)]　awa 〜したところ。

5　petetok 水源。ta 〜に。

6　sine 一つの。pon 小さい。[rupne(大人の)kur(人)]

7　nesko 胡桃の木。uray 梁。

8　kar 〜を作る。kusu 〜ために。

9　kik 〜を打つ。ne のである。a 〜た。p こと。

10　[ko(〜に)san(出る)ikkew(腰)kan(上)]

11　[punas(高くする)punas(重複)]

12　[un=(私を)nukar(見る)]　awa 〜したところ。

14　[e=(おまえ)humna(だれ)]

15　[ci=(私)karku(甥)]　ne である。kur 人。

16　[un=(私を)kasuy(を手伝う)]　yan 〜なさい。

17　ari 〜と。hawean 言う。

20　ne である。p もの。ne である。kusu 〜から。

21-2　nesko 胡桃。wakka 水。nupki 濁った。汚れた。

23　[ci(自ら)sa(〜の前)na(の方に)sanke(を出す)]＝ 前へ
　　出る。中相表現。san(前へ出る)の韻文的表現。

24　[kamuy(神)cep(魚)]＝ 鮭。utar 〜たち。

25　[he(頭)mespa(の表面をそぎ取る)]＝(魚が)のぼる。

27　[ko(〜に対して)wen(だめである)]＝ を嫌う。
　　kusu 〜ので。

28　cis 泣く。kor 〜しながら。hosippa 帰る。

—239—

第10話　小オキキリムイが自ら歌った謡「クツニサクトンクトン」

29	ci=ruska kusu	私は腹が立ったので
30	pon rupnekur	小男の
31	kor uray kik túci	持っている杭を打つ槌を
32	ci=esikari,	引たくり
33	pon rupnekur	小男の
34	ikkew noski	腰の央を
35	ci=kik humi	私がたたく音が
36	tokkosanu.	ポンと響いた。
37	pon rupnekur	小男の
38	ikkew noski	腰の央を
39	ci=oarkaye,	折ってしまって
40	ci=oanrayke	殺してしまい
41	pokna mosir	地獄
42	ci=kooterke.	へ踏落してやった。
43	néa nesko urayni	あの胡桃の杭を
44	ci=osawsawa	揺り動かして
45	inu=as ayke,	見ると
46	iwan poknasir[1]	六つの地獄の
47	imakakehe	彼方まで
48	ciousi humi as.	届いている様だ。
49	orowano	それから、
50	ikkew kiror	私は腰の力
51	mon tum kiror	からだ中の力を
52	ci=yaykosanke,	出して、
53	ne uray ni	其の杭を
54	sinrici wano	根本から
55	ci=oarkaye,	折ってしまい、
56	pokna mosir	地獄

[1]iwan poknasir…六つの地獄。地の下には六段の世界があって
其処には種々な悪魔が住んでいます。

—240—

29 [ci=(私)ruska(〜に腹を立てる)] kusu 〜ので。

31 kor（彼が）持つ。uray 梁。kik 打つ。túci 槌。

32 [ci=(私)esikari(〜をつかまえる)]

34 ikkew 腰。noski 〜の真ん中。

35 [ci=(私)kik(〜を打つ)] humi 〜の音。

36 [tok(擬音；ポン)kosanu(瞬間の状態を表す接尾辞)]

39 [ci=(私)oar(まったく)kaye(〜を折る)]

40 [ci=(私)oar → oan(まったく)rayke(〜を殺す)]

41 {pokna 下方の。mosir 世界。} ＝地獄。

42 [ci=(私)ko(〜に)oterke(〜を踏みつける)]＝蹴落とす。

44 [ci=(私)o(〜に対して)sawsawa(〜を動かす)]

45 [inu(〜してみる)as=(私)] ayke 〜たところが。

47 imakakehe その向こう。その後ろ。

48 [ci(自ら)o(〜に)usi(〜に〜がつく)]
　　 humi 〜の音。as 立つ。する。

50 ikkew 腰。kiror 力。

51 mon 体。tum 〜の中。kiror 力。

52 [ci=(私)yay(自分)ko(〜に)sanke(〜を出す)]

53 ne その。uray やな。ni 木。

54 sinrici 〜の根本。wano 〜から。

叙事詩特有の修辞的語法①

　英雄叙事詩や神謡には、日常語にない修辞的語法があります。語順も特別で、最後に擬音や擬態の表現がくることも特徴です。

1-134 tapan pon ay/ ek sir konna/ tonnatara.（原文）

　　　　　小さい矢は美しく飛んで私の方へ来ました。（幸恵訳）

　　　　　この小さい矢が 飛んでくるようすは ピカーッ。（直訳）

—241—

第10話　小オキキリムイが自ら歌った謡「クツニサクトンクトン」

57	ci=kooterke.	へ踏落してしまった。
58	petetoko wa	水源から
59	pirka réra	清い風
60	pirka wakka	清い水が
61	cisanasanke,	流れて来て、
62	cis kor hosippa	泣きながら帰って行った
63	Kamuycep utar	鮭どもは
64	pirka réra	清い風
65	pirka wakka	清い水に
66	eyaytemka	気を回復して、
67	wen mína haw	大さわぎ大笑い
68	wen sinot haw	して遊びながら、
69	pepunitara kor	パチャパチャと
70	hemespa siri	上って
71	copopatki.	来た、
72	ci=nukar wa	私はそれを見て、
73	ci=eramusinne	安心をし
74	pet esoro	流れに沿うて
75	hosippa=as. ari	帰って来た。と
76	Pon Okikirmuy isoitak.	小さいオキキリムイが物語った。

叙事詩特有の修辞的語法②

1-143 rap=as humi/ ci=ekisarsutu/ mawkururu.（原文）

　　　　風をきって舞下りました。（幸惠訳）

　　　　私が舞い下りる音　耳元で　ビュー。（直訳）

1-272, 8-50 etoro hawe/ mesrototke.（原文）

　　　　高いいびきで寝入ってしまいました。（幸惠訳）

　　　　いびきの音　グーグー。（直訳）

58 [pet(川)etoko(〜の先)] wa 〜から。

59 pirka よい。réra 風。

61 cisanasanke 流れ出る。

62 cis 泣く。kor 〜しながら。hosippa 帰る。

63 kamuycep 鮭。utar 〜たち。

66 [e(〜で)yay(自分)temka(〜を治療する)]

67 wen ひどく。mína 笑う。haw 声。

68 wen 大さわぎで。sinot 遊ぶ。haw 声。

69 [pepun(にぎやかな音)itara(状態の継続の接尾辞)]
   kor 〜しながら。

70 hemespa 上る。siri 〜のようす。

71 [copop(擬音;パチャパチャ)atki(自動詞形成接尾辞)]
   67〜71のアイヌ語文と日本語訳が一致しないが、ア
   イヌ語の韻文では「(A)する様子や音や声は(B)だ」
   という構造となり、「パチャパチャ」という音がBの
   部分、最後にくるということによる。

73 [ci=(私)eramusinne(〜のことで安心する)]

74 pet 川。esoro 〜に沿って。

75 [hosippa(帰る)=as(私)] ari 〜と。

叙事詩特有の修辞的語法③

1-291 terke=as humi/ tununitara.（原文）
　　　美しい音をたてて飛びました。（幸恵訳）
　　　私の飛ぶ音 チリンチリン。（直訳）

1-297 tuy hum konna/ tununitara.（原文）
　　　美しい音をたてて落ち散りました。（幸恵訳）
　　　すいと落ちる音は チリンチリン。（直訳）

—243—

第10話　小オキキリムイが自ら歌った謡「クツニサクトンクトン」

叙事詩特有の修辞的語法④

8-508 tapkar humi/ rimse hawe/ tununitara.（原文）
　　　　　舞う音躍る音は美しい響をなし、（幸惠訳）
　　　　　踏舞し 踊る音チリンチリン（と金属の鳴るよう）。（直訳）

8-520 heciri hawe/ tununitara.（原文）
　　　　　美しい声で歌うもある。（幸惠訳）
　　　　　歌う声 リンリン。（直訳）

2-254 8-163 hése hawe/ taknatara.（原文）
　　　　　息せききって（幸惠訳）　息を切らして（幸惠訳）
　　　　　息をする音 ハッハッハ。（直訳）

3-9 pirka neto/ neto kurkasi/ tesnatara.（原文）
　　　　　海は凪ぎてひろびろとしていて、（幸惠訳）
　　　　　よい凪 凪の上 ひろびろ。（直訳）

3-28 kosne terke/ ci=koikkewkan/ matunitara.（原文）
　　　　　軽い足取りで腰やわらかにかけ出しました。（幸惠訳）
　　　　　軽い跳躍 で腰を上に 高く張り上げる。（直訳）

3-32 pawse nitkan/ ci=kekkekekke（原文）
　　　　　木片をポキリポキリと折る様にパーウ、パウと叫び（幸惠訳）
　　　　　鳴き声の激しさ パーウパウ（直訳）

3-60 tapan ruyanpe/ nupuri sinne/ cip kurkasi/ kotososatki.
　　　　　大きな浪が山の様に舟の上へかぶさり寄ります。（幸惠訳）
　　　　　大きな波 山のように 舟の上に ザブーン。（直訳）

3-149 cipokonanpe/ kohokushokus,（原文）
　　　　　舟を漕いでます、（幸惠訳）
　　　　　舟を漕ぐ様 たおれたおれ。（直訳）

—244—

叙事詩特有の修辞的語法⑤

4-116 néa ku oro/ ci=osma humi/ ci=monetoko/ rorkosanu.（原文）

　　　其の弩にいやという程はまってしまった。（幸惠訳）

　　　その弩に 私がはまる感じ 私の体の先が ズブー。（直訳）

5-19 eipottumu/ niwnatara,（原文）

　　　（勇者の品を）そなえて、（幸惠訳）

　　　その顔つきの中 猛々し（直訳）

8-94 sinot sir konna/ copopatki（原文）

　　　パチャパチャと遊んで居る。（幸惠訳）

　　　遊ぶようすは パチャパチャ。（直訳）

10-69 pepunitara kor/hemespa siri/ copopatki.（原文）

　　　パチャパチャと上って来た。（幸惠訳）

　　　にぎやかに 川を上るようす パチャパチャ。（直訳）

8-205 itak=as hawe/ naykosanu,（原文）

　　　云うこと（幸惠訳）

　　　私の言う声（金物が鳴るように）チャリン。（直訳）

8-326 káni tuki/ kampasuy kan/ momnatara,（原文）

　　　かねの盃にあふれる程（幸惠訳）

　　　かねの盃に 渡した酒箸の上を 流れるほど。（直訳）

8-448 iwan sintoko/ kampasuy kan/ momnatara,（原文）

　　　六つの酒樽は溢れるばかりになって、（幸惠訳）

　　　六つの酒樽 渡した酒箸の上 流れ出るほど。（直訳）

8-438 ipottum konna/ sumnatara.（原文）

　　　顔色も萎れている。（幸惠訳）

　　　顔色のなかは しおれている。（直訳）

第11話　小オキキリムイが自ら歌った謡「此の砂赤い赤い」

11　Pon Okikirmuy yayeyukar

"Tanota húre húre"

1	sinean to ta	或日に
2	pet turasi	流れをさかのぼって
3	sinot=as kusu	遊びに
4	paye=as awa,	出かけたら、
5	pon nitnekamuy	悪魔の子に
6	ci=koekari.	出会った。
7	neyta kusu	何時でも
8	pon nitnekamuy	悪魔の子は
9	sirka wen a	様子が美しい
10	nanka wen a,	顔が美しい。
11	kunne kosonte	黒い衣を
12	utomeciw	着けて
13	nesko pon ku	胡桃の小弓に
14	nesko pon ay	胡桃の小矢を
15	ukoani,	持っていて
16	un=nukar awa,	私を見ると、
17	sanca otta	ニコニコ
18	mína kane	して
19	ene itaki:──	いうことには
20	"Pon Okikirmuy	「小オキキリムイ、
21	sinot=as ro ！	遊ぼう。
22	kéke hetak	さあこれから、
23	cep sut tuye	魚の根を絶やして
24	ci=ki kusne na."	見せよう。」
25	itak kane	と言って、
26	nesko pon ku	胡桃の小弓に
27	nesko pon ay	胡桃の小矢を
28	uweunu	番え

第11話　小オキキリムイが自ら歌った謡
「此の砂赤い赤い」

[サケヘ][tan(この)ota(砂)húre(赤い)húre(赤い)]

2　pet 川。turasi ～に沿って川上の方へ行く。

3　[sinot(遊ぶ)=as(私)]　kusu ～するために。

4　[paye(行く)=as(私)]　awa ～したところ。

5　pon 小さい。子の。[nitne(性悪な)kamuy(神)]

6　[ci=(私)ko(～に)ekari(出会う)]

7　neyta いつ。neyta kusu いつでも。この語によって反
　　語表現を導く。9、10行目の a(=ya)と呼応する。

9　sirka 様子。wen 悪い。a (ya の y の脱落)。～か。

10　nanka 顔。wen a(< wenya) 悪いか、いや美しい。

11　kunne 黒い。kosonte 小袖。いい衣。

12　utomeciw ～を身につける。

13-4　nesko 胡桃。pon 小さい。ku 弓。ay 矢。

15　[uko(ともに)ani(～を持つ)]

16　[un=(私を)nukar(を見る)]　awa ～すると。

17　[san(前の)ca(唇)]　otta ～のところで。

18　mína 笑う。kane ～しつつ。

21　[sinot(遊ぶ)=as(私たち)]　ro ～しよう。

23　cep 魚。sut 根。tuye ～を切る。

24　[ci=(私)ki(をする)]　kusne ～つもりだ。na ～よ。

28　[u(互い)w(挿入音)e(そこに)unu(～を～につける)]

童話的作品の秀作　本編は短編ながら構成力に富み、重い
主題に関わりながら童話的な描写で表現。特に鹿の群が一
列に並んで空へ上って行くところなど幻想的で美しい。

第11話 小オキキリムイが自ら歌った謡「此の砂赤い赤い」

29	petetok un	水源の方へ
30	ay eak awa,	矢を射放すと、
31	petetoko wa	水源から
32	nesko wakka	胡桃の水、
33	nupki wakka	濁った水が
34	cisanasanke,	流れ出し、
35	kamuycep utar	鮭どもが
36	hemespa ko	上って来ると
37	nesko wakka	胡桃の水が
38	kowen wa	厭なので
39	cis turano	泣きながら
40	orhetopo	引き返して
41	mom wa paye,	流れて行く。
42	pon nitnekamuy	悪魔の子は
43	ne wa an pe	それを
44	sanca otta	ニコニコ
45	mína kane an.	している。
46	sirki ciki	私はそれを
47	ne wa an pe	見て
48	ci=ruska kusu,	腹が立ったので
49	ci=kor sirokani pon ku	私の持っていた、銀の小弓に
50	sirokani pon ay	銀の小矢を
51	ci=uweunu,	番え
52	petetok un	水源へ
53	ak=as awa,	矢を射放すと、
54	petetok wa	水源から
55	sirokani wakka	銀の水、
56	pirka wakka	清い水が
57	cisanasanke,	流れ出し、
58	cis turano	泣きながら

29 [pet（川）etok（の先）]＝水源。un 〜へ。

30 ay 矢。[e（〜で）ak（射る）] awa 〜したところ。

31 [pet（川）etoko（の先：所属形短形）] wa 〜から。

32 nesko 胡桃。wakka 水。

33 nupki 濁った。汚れた。wakka 水。

34 [ci（自ら）sa（〜の前）na（〜の方へ）sanke（〜を出す）]
＝流れ出る。

35 [kamuy（神）cep（魚）]＝鮭。utar 〜たち。

36 [he（頭）mespa（の表面をそぎ取る）]＝上る。ko 〜と。

38 [ko（〜に対して）wen（悪い）]＝嫌う。wa 〜して。

39 cis 泣く。turano 〜ながら。

40 [or（まったく）hetopo（逆戻りする）]

41 mom 流れる。wa 〜して。paye 行く。

43 {ne（である）wa（〜て）an（ある）pe（もの）}＝それを。

45 kane an 〜している。

48 [ci＝（私）ruska（〜に腹を立てる）] kusu 〜ので。

49 [ci＝（私が）kor（を持つ）] sirokani 銀。

53 [ak（射る）＝as（私）] awa 〜したところ。

知里幸惠 最後の手紙①

　幸惠が登別の両親へ送った最後の手紙は、死の4日前の1922（大正11）年9月14日、東京の金田一京助宅から発せられました。

　その前の9月4日付けの手紙では、8月末に胃腸炎を患い、七転八倒の苦しみをし、金田一一家の看病を受けたことが記され、体に自信を失った彼女は、「今一度幼い子にかえって、御両親様のお膝元へ帰りとうございます」と書き、「今月の二十五日に立つことに先生や奥様と決めました」と伝えています。

第11話 小オキキリムイが自ら歌った謡「此の砂赤い赤い」

59	mom wa paye	流れて行った
60	kamuycep utar	鮭どもは
61	pirka wakka	清い水に
62	eyaytemka,	元気を回復し
63	wen sinot haw	大笑いをして
64	wen mína haw	遊び
65	pepunitara	さわいで
66	hemespa siri	バチャバチャ川を
67	copopatki.	上って行った。
68	sirki ciki	すると、
69	pon nitnekamuy	悪魔の子は、
70	kor wen puri	持前の癇癪を
71	enan tuyka	顔に
72	eparsere:——	表して、
73	"sonno hetap	「本当に
74	e=iki ciki	お前そんな事をするなら、
75	yuk sut tuye	鹿の根を絶やして
76	ci=ki kusne na."	見せよう。」
77	itak kane,	と云って
78	nesko pon ku	胡桃の小弓に
79	nesko pon ay	胡桃の小矢を
80	uweunu,	番え
81	kanto kotor	大空を
82	cotca ayke	射ると、
83	kenas so ka wa	山の木原から
84	nesko réra	胡桃の風
85	supne réra	つむじ風が
86	cisanasanke,	吹いて来て
87	kenas so ka wa	山の木原から、
88	apka topa	牡鹿の群は
89	sinnay kane	別に、

62 [e(で)yay(自分)temka(を治療する)]=元気を回復する。

63 wen たいそうな。sinot 遊び。haw 声。

65 [pepun(擬音)itara(状態の継続の接尾辞)]=にぎやか。

66 hemespa(魚が)上る。siri 〜のようす。

67 [copop(擬音)atki(自動詞化)]=パチャパチャ音がする。

70 kor を持つ。wen 悪い。puri 性格。くせ。

71 [e(〜で)nan(顔)] tuyka 〜の上。

72 [e(そこに)parse(燃えひろがる)re(させる)]

73 sonno 本当に。hetap 〜か、これ。

74 [e=(お前)iki(物事をする)] ciki 〜するなら。

75 yuk 鹿。sut 根。tuye 〜を切る。

81 kanto 天。空。kotor(こちら側の)面。

82 cotca 〜を射る。ayke 〜すると。

83 kenas 木原。so 表面。ka 〜の上。wa 〜から。

84 nesko 胡桃。réra 風。

85 [sup(巻いたもの)ne(である)]=つむじの。

88 apka 牡鹿。topa 群。

89 sinnay 別である。kane 〜して。

知里幸惠 最後の手紙② 知里高吉・ナミ宛(大正11年9月14日)
愛する御両親様、おいそがしいなかをお手紙を下さいまし
て誠にありがとう存じました。また沢山のお銭をお送り下
さいまして何ともお礼の申上げようも御座いません。ほん
とうにありがとうございました。二十五日に帰る予定でし
たが、お医者さんがもう少しと仰ったので十月の十日に立
つことに致しました。めずらしくよほどやせましたので、
すっかり回復してから帰ります。でも此の頃は大方もとの
とおりのふとっちょになりました。　　　　　　（つづく）

第11話　小オキキリムイが自ら歌った謡「此の砂赤い赤い」

90	momanpe topa	牝鹿の群は
91	sinnay kane	また別に
92	réra punpa,	風に吹上げられ
93	toop kanto orun	ずーっと天空へ
94	rikip siri kan	きれいにならんで
95	maknatara,	上って行く。
96	pon nitnekamuy	悪魔の子は
97	sanca otta	ニコニコ
98	emina kane an.	している、
99	sirki ciki	それを見た私は
100	wen kinra ne	かっと癇に
101	un=kohetari	さわったので
102	sirokani pon ku	銀の小弓に
103	sirokani pon ay	銀の小矢を
104	ci=uweunu	番えて、
105	yuk topa ósi	鹿の群のあとへ
106	ak=as awa	矢を射放すと、
107	kanto orowa	天上から、
108	sirokani réra	銀の風
109	pirka réra	清い風が
110	ciranaranke,	吹降り、
111	réra etoko	
112	apka topa	牡鹿の群は
113	sinnay kane	また別に
114	momanpe topa	牝鹿の群は
115	sinnay kane	また別に、
116	kenas so ka	山の木原の上へ
117	ciorapte.	吹下された。
118	sirki awa	すると、
119	pon nitnekamuy	悪魔の子は
120	kor wen puri	持前の癇癪を
121	enan tuyka	顔に

—252—

90　momanpe 牝鹿。topa 群。

92　réra 風。punpa ～を持ち上げる。

93　to'op ずーっと。kanto 天。orun ～ところへ。

94　rikip 上へのぼる。siri kan 見えわたる様子。

95　maknatara 美しくけさやかに見える。

98　emina ～を笑う。

100　wen ひどく。kinra 興奮状態。ne になる。

101　[un=(私に)ko(～に)he(頭)tari(～を持ち上げる)]

105　ósi 後ろから。

106　[ak(射る)=as(私)]　awa ～したところ。

110　[ci(自ら)ra(低い)na(～の方に)ranke(～を下ろす)]

111　réra 風。etoko ～の先。この行、幸恵の訳がない。

117　[ci(自ら)o(そこに)rap(下りる)te(させる)]=に下りる。

知里幸惠 最後の手紙③

まだあとざっと一月もあります。坊ちゃんが大よろこびし
ています。私のカムイカラの本も直きに出来るようです。
昨日渋沢子爵のお孫さんがわざわざその原稿を持って来て
下さいまして、誤りをなおしてもうこんど岡村さんという
所へまわって、それから印刷所へまわるそうです。渋沢さ
んは、先生と私をお邸へ招待して下さる筈になっていたの
が、今度急にロンドンへ在勤を命じられたとかで暇がなく
なったんだそうです。りっぱな方でした。
坊ちゃんは毒虫にさされて、チンチンの先がピセ(注:魚の
浮き袋)みたいになって医者へ行ったりして、二日休学。
今日はすっかりなおって学校へ元気で行っていらっしゃい
ました。赤ちゃんはお丈夫、奥さんは相変らずよくなった
り悪くなったり、(中略)先生は忙しく学校通い。私は奥さ
んのお裁縫を手伝ったり、　　　　　　　　　(つづく)

第11話　小オキキリムイが自ら歌った謡「此の砂赤い赤い」

122 eparsere,	現し
123 "acikara ta[1]	「生意気な、
124 sonno hetap	本当に
125 e=iki ciki	お前そんな事をするなら、
126 ukirornukar	力競べを
127 a=ki kus ne na."	やろう。」
128 itak kane	と言いながら
129 hokanasi mip	上衣を
130 yaykore.	脱いだ。
131 ciokay nakka	私も
132 ear kaparpe	薄衣一枚
133 ci=yaykonoye,	になって
134 ci=kotetterke	組付いた。
135 un=kotetterke,	彼も私に組付いた。
136 orowano	それからは
137 upoknare=as	互いに下にしたり
138 ukannare=as	上にしあったり
139 ukoterke=as ko,	相撲をとったが
140 ineapkusu	大へんに
141 pon nitnekamuy	悪魔の子が
142 okirasnu wa	力のある事には
143 hum as nankora.	驚いた。
144 ki p ne korka	けれども
145 hunakpake ta	とうとう、或る時間に、
146 ikkew kiror	私は腰の力
147 mon tum kiror	からだの力を
148 ci=yaykosanke	みんな出して、
149 pon nitnekamuy	悪魔の子を
150 sikantap kurka	肩の上まで

---

[1]acikara…（きたない）。をかしい、生意気なといふ意味をふくむ。

—254—

126 [u(互いに)kiror(力)nukar(を見る)]

127 [a=(私たち)ki(をする)] kusne ～よう。na ～よ。

129 hokanas 上方から。[mi(着る)p(もの)]= 着物。

130 [yay(自分)kore(に～を持たせる)]

132 ear まったく。一つの。[kapar(薄い)pe(もの)]

133 [ci=(私)yay(自分)ko(に対して)noye(を巻きつける)]

134 [ci=(私)ko(～に対して)tetterke(～にとびかかる)]

135 [un=(私に)ko(対して)tetterke(とびかかる)]

137 [u(互いに)pokna(下の方に)re(させる)=as(私たち)]

138 [u(互いに)kanna(上の方に)re(させる)=as(私たち)]

139 [uko(ともに)terke(跳ねる)=as(私たち)]=相撲をとる。

140 [ine(どう)ap(あるもの)kusu(故)]= どうした故か。

142 [o(その尻)kir(力)asnu(すぐれている)] wa ～て。

143 hum as そう感じる。nankora のだろうか。

144 ki をする。p もの。ne である。korka けれども。
korka(2音節)で済むところを4音節に整える技法。

145 hunakpake ta とうとう。慣用句。

146 ikkew 腰。kiror 力。

147 mon 体。tum の中。kiror 力。

148 [ci=(私)yay(自分)ko(に)sanke(～を出す)]

150 [si(自分)kan(の上方)tap(肩)] kurka ～の上。

知里幸恵 最後の手紙④

先生のアイヌ語のお相手になったり、ユカラを書いたり、
気ままな事をしています。一番坊ちゃんのお相手と赤ちゃ
んのおもりが多いようです。赤ちゃんは此の頃ふとってた
いへん重くなりました。（中略）　　　　　　　（つづく）

第11話　小オキキリムイが自ら歌った謡「此の砂赤い赤い」

151	ci=esitayki,	引担ぎ
152	kimun iwa	山の岩の
153	iwa kurkasi	上へ
154	ci=ekik humi	彼を打ちつけた音が
155	rimnatara.	ぐわんと響いた。
156	ci=oanrayke	殺してしまって
157	pokna mosir	地獄へ
158	ci=kooterke,	踏落した
159	hum okake	あとはしんと
160	cakkosanu.	静まり返った。
161	tap orowa	それが済んで、
162	pet esoro	私は流れに沿うて
163	hosippa=as ko	帰って来ると、
164	pet otta	川の中では
165	kamuycep utar	鮭どもが
166	mína hawe	笑う声
167	sinot hawe	遊ぶ声が
168	pepunitara kor	かまびすしく
169	hemespa siri	のぼって来るのが
170	copopatki,	バチャバチャきこえる。
171	kenas so ka ta	山の木原では、
172	apka utar	牡鹿ども、
173	momanpe utar	牝鹿どもが
174	wen mína haw	笑う声
175	wen sinot haw	遊ぶ声が
176	ronroratki,	其処ら一ぱいになって
177	taan ta	其処
178	toon ta	此処に
179	ipe sir konna	物を食べて
180	moynatara.	いる。
181	ci=nukar wa	私はそれを見て

—256—

151 [ci=(私)esitayki(〜を投げ上げる)]

152 [kim(山)un(にある)]　iwa 岩。

154 [ci=(私)e(そこへ)kik(〜を打ちつける)]　humi の音。

155 [rim(ぐわんという擬音)natara(状態の継続・接尾辞)]

156 [ci=(私)oar(全く)rayke(を殺す)]　oar → oan

157 pokna 下方の。mosir 世界。

158 [ci=(私)ko(〜に)oterke(を踏んづける)]

159 hum 音。okake 〜の後。

160 [cak(しんとした静けさの擬態)kosanu(急に〜する)]

163 [hosippa(帰る)=as(私)]　ko 〜と。

176 ronroratki 入り交じって聞える。

17-8　taan ここ。toon=toan あそこ。ta 〜に。

179 ipe 食べる。sir ようす。konna 〜は。

180 [moy(静かな状態の擬態)natara(継続を表す接尾辞)]

知里幸惠　最後の手紙⑤

去る七日、私は名医の診断を受けました。その前の日先生が、何処かで何とかの同窓会へ御出席でしたが、その時、たのんで下すったのです。先生と同郷の方で中学時代の同級生、今は九州帝国大学教授医学博士で九州大学病院を一人で背負って立っているというえらい力もちだというだけに、大そうふとって岩根さんみたいな、はだのすべすべした小野寺という博士が七日の日にいらっしゃいました。お座敷で丁寧に診て下すって。先生にすっかり何かをおはなしになり、診断書を置いていらっしゃいました。奥様もみて貰いになりました。奥様は何処もお悪くない、ただ気持でなおるそうです。私の方は、やっぱり心臓の僧帽弁狭さく症という病気で、其の他には病気はありません。

　　　　　　　　　　　　　　　　　　　（つづく）

第11話　小オキキリムイが自ら歌った謡「此の砂赤い赤い」

182	ci=eramusinne	安心をし、
183	ci=uncisehe	私の家へ
184	ci=kohosipi.	帰って来た。
185	ari Pon Okikirmuy isoitak.	と、小さいオキキリムイが物語った。

知里幸惠　最後の手紙⑥

呼吸器もいいそうです。そして前の坂口博士が仰った様に、無理を少しすれば生命にかかわるし、静かにさえしていれば長もちしますって。診断書には、結婚不可ということが書いてありました。何卒安心下さいませ。

私は自分のからだの弱いことは誰よりも一番よく知っていました。また此のからだで結婚する資格のないこともよく知っていました。それでも、やはり私は人間でした。人のからだをめぐる血潮と同じ血汐が、いたんだ、不完全な心臓を流れ出ずるままに、やはり、人の子が持つであろう、いろいろな空想や理想を胸にえがき、家庭生活に対する憧憬に似たものを持っていました。本当に、肉の弱いように私の心も弱いのでした。自分には不可能と信じつつ、それでもそうなんですから……。充分にそれを覚悟していながら、それでも最後の宣告を受けた時は苦しくございました。いくら修養しよう、心じゃならない、とふだんひきしめていた心。ずっと前から予期していた事ながらつぶれる様な苦涙の湧くのを何うする事も出来なかった私をお笑い下さいますな。ほうとうに馬鹿なのです、私は……。

然しそれは心の底での暗闘で、ついには、征服されなければならないものでした。はっきりと行手に輝く希望の光明を私はみとめました。過去の罪劫深い私は、やはり此の苦悩を当然味わわなければならないものでしたろうから、私はほんとうに懺悔します。　　　　　　　　　　（つづく）

182　[ci=（私）eramusinne（～に安心する）]
183　[ci=（私）un（の）cisehe（～の家）]
184　[ci=（私）ko（～に）hosipi（帰る）]

知里幸恵　最後の手紙⑦

そして、其の涙のうちから神の大きな愛をみとめました。
そして、私にしか出来ないある大きな使命をあたえられて
る事を痛切に感じました。それは、愛する同胞が過去幾千
年の間に残しつたえた、文芸を書残すことです。
この仕事は私にとってもっともふさわしい尊い事業である
のですから。過去二十年間の病苦、罪業に対する悔悟の苦
悩、それらのすべての物は、神が私にあたえ給うた愛の鞭
であったのでしょう。それらのすべての経験が、私をして、
きたえられ、洗練されたものにし、また、自己の使命はま
ったく一つしかないと云うことを自覚せしめたのですから
……。もだえもだえ苦しみ苦しんだ揚句私は、すべての目
前の愛欲、小さいものをすべてなげうって、新生活に入り、
懺悔と感謝と愛の清い暮しをしようと深く決心しました。
神の前に、御両親様にそむき、すべての人にそむいた罪の
深いむすめ幸恵は、かくして、うまれかわろうと存じます。
何卒お父様もお母様も過去の幸恵をお許し下さいませ。何
卒おゆるし下さいませ。そして此の後の幸恵を育み導いて
やって下さいまし。おひざもとへかえります。一生を登別
でくらしたいと存じます。ただ一本のペンを資本に新事業
をはじめようとしているのです。明日をも知らぬ人の生、
ただあたえられた其の日その日を、清く美しく、忠実に送
って何時召しを受けてもいい様に日を送れば、それでいい
んですから。私は小さな愛から大きな愛を持って生活しよ
うと思ってるのです。
　　　　　　　　　　　　　　　　　　　　（つづく）

第12話　獺が自ら歌った謡「カッパレウレウカッパ」

12　Esaman yayeyukar

"Kappa rew rew kappa"

1	sinean to ta	或日に
2	pet esoro	流れに沿うて
3	sinot=as kor	遊びながら
4	ma=as wa	泳いで
5	sap=as ki wa,	下り
6	Samayunkur	サマユンクル
7	kor wakkataru	の水汲路
8	putuhu ta	のところに
9	sap=as awa,	来ると、
10	Samayunkur	サマユンクル
11	kot turesi	の妹が
12	kamuy siri ne	神の様な美しい容子で
13	oattekkor	片手に
14	niatus ani	手桶を持ち
15	oattekkor	片手に
16	kina tantuka[1]	蒲の束を
17	anpa kane	持って
18	ek kor an wa kusu	来ているので
19	pet parurke ta	川の縁に
20	ci=sapaha patek	私は頭だけ
21	ci=etukka,	出し、
22	"ona e=kor a ?	「お父様をお持ちですか？
23	unu e=kor a ?"	お母様をお持ちですか？」

---

[1] kina tantuka…蒲の束。蒲は編んで筵の様な敷物にするので
すが、よく乾いているのを其の侭編むといけませんから、少し
湿してからつかいます。此の話にあるのも、その為に女が川へ
持って行くのでしょう。

第12話　獺が自ら歌った謡
「カッパレウレウカッパ」

[題名] esaman カワウソ。獺。北海道の川にも、かつてカ
ワウソがたくさん生息していたが、人間とくに日本人によ
って絶滅に追いやられた。

4　[ma(泳ぐ)=as(私)]　wa ～して。

5　[sap(下る)=as(私)]　ki ～をする。ki は音節数調整。

7　kor ～の。[wakka(水)ta(を汲む)ru(路)]

8　putuhu ～の入り口。ta ～に。

11　kot=kor　t 音の前の音素交替。turesi ～の妹。

12　kamuy 神。siri ～の様子。ne ～で(ある)。

13　[oat=oar(片方)tek(手)kor(～を持つ)]

14　[ni(木)at(取っ手)us(～に～がついている)]= 手桶。
　　ani ～を持つ。

16　kina tantuka 脚注参照。kina 草。ガマ(蒲)。
　　[tan(？)tuka(束。柄。＜日本語)]

17　anpa ～を持つ。ani の複数形。kane ～して。

18　ek 来る。kor an ～しつつある。
　　wa kusu ～ので。

19　pet 川。parurke 縁。ta ～に。

20　[ci=(私)sapaha(～の頭)]　patek ～だけ。

21　[ci=(私)etuk(突き出る)ka(他動詞化語尾)]

22　ona 父親。[e=(あなた)kor(～を持つ)]　a=ya ～か。

23　unu 母親。a は疑問の助詞 ya の y が脱落したもの。

第12話　獺が自ら歌った謡「カッパレウレウカッパ」

24	itak=as awa	と云うと
25	pon menoko	娘さんは
26	homatu ruy pe	驚いて
27	sikkankari	眼をきょろきょろさせ
28	un=nukar awa	私を見つけると、
29	kor wenpuri	怒の色を
30	enan tuyka	顔に
31	eparsere,	現して、
32	"toy sapakaptek,	「まあ、にくらしい偏平頭、
33	wen sapakaptek,	悪い偏平頭が
34	iokapuspa,[2]	人をばかにして。
35	nimakitara utar[3]	犬たちよ
36	co co……"	ココ……」
37	ari hawean awa	と言うと、
38	poro nimakitara utar	大きな犬どもが
39	usawokuta,	駆け出して来て、
40	un=nukar awa	私を見ると
41	notsep humi	牙を鳴ら
42	tawnatara.	している。
43	ci=ehomatu,	私はビックリして
44	pet asama	川の底へ

---

[2] i-okapuspa. 人は死んでしまった親や親類などの名を言ったり、その事をふだん話したりする事を i-okapuspa と言って大へん嫌います、また、人のかくしていた事をそばからほじり出して、みんなに言ったり、其の人の聞きにくい様な其の人の前の行為などを口に出したりする事をも i-okapuspa と言います。

[3] nimakitara…牙の剝出している。これは犬の事、山のけものたちは、人が猟に行くと犬を連れて行きますが、その犬に歯をむき出してかかられるのが一ばん恐いので犬にこんな名をつけて恐がっています。

25 {pon 小さい。若い。menoko 女。} = 娘。

26 homatu 驚く。ruy 激しい。pe もの。

27 [sik(目)kan(上)kari(〜をまわす)]

29 kor を持つ。[wen(悪い)puri(性格)]

30 [e(その上の方)nan(顔)]　tuyka 〜の上。

32 toy ひどい。[sapa(頭)kaptek(平べったい)]

34 [i(人)oka(後ろを)puspa(あらわし出す)] 脚注参照。

35 [nimaki(歯)tara(上へ上げる)]= 犬。utar 〜たち。

36 原文、ヘボン式で cho チョとある。しかし訳文はな
ぜか「ココ……」となっている。

39 [u(互い)sa(前)w(挿入音)o(〜に)kuta(〜を出す)]=
前に出てくる。

41 notsep 牙。humi 〜の音。

42 [taw(擬音：ギー)natara(継続を表す接尾辞)]

43 [ci=(私)ehomatu(〜に驚く)]

44 pet 川。asam 〜の底。

知里幸惠 最後の手紙⑧

私の今の心持ちは、非常に涙ぐましい程平和で御座います。
にくみもうらみもなく、ただ感謝にみちています。私のす
べての気持を書きあらわすことはとても出来ません。た
だ、此の事で、名寄の村井(注：幸惠の恋人)が何んな事を
感ずるかと云うことが、私の胸を打ちます。しかし、何卒
彼が本当に私をよりよくより高く愛する為に、お互いの幸
をかんがえ、理解ある判決を此の事にあたえる様に、と念
じています。本当に罪深い私でした。何卒おゆるし下さい
ませ。親にむかって図々しくも斯様な事を書ならべて、憮
や御不快でもいらっしゃいましょう。　　　　　(つづく)

—263—

第12話　獺が自ら歌った謡「カッパレウレウカッパ」

45	ci=korawosma,	潜り込んで
46	nani petasam péka	直ぐ其のまま川底を通って
47	kira=as wa sap=as.	逃げ下った。
48	sap=as ayne	そうして、
49	Okikirmuy	オキキリムイ
50	kor wakkataru	の水汲路
51	putuhu ta	の川口へ
52	ci=sapaha patek	頭だけ
53	ci=etukka,	だして
54	inkar=as awa	見ると、
55	Okikirmuy	オキキリムイ
56	kot turesi	の妹が
57	kamuy siri ne	神の様に美しい様子で
58	oattekkor	片手に
59	niatus ani	手桶を持ち
60	oattekkor	片手に
61	kina tantuka	蒲の束を
62	anpa kane	持って
63	ek wakusu	来たので
64	itak=as hawe	私のいうこと
65	ene okay：──	には、
66	"ona e=kor a ？	「御父様をお持ちですか？
67	unu e=kor a ？"	御母様をお持ちですか？」
68	itak=as awa	というと、
69	pon menoko	娘さんは
70	homatu ruy pe	驚いて
71	sikkankari	眼をきょろきょろさせ
72	un=nukar awa	私を見ると、
73	kor wenpuri	怒りの色を
74	enan tuykasi	顔に
75	eparsere,	表して、

—264—

45 [ci=(私)ko(〜に)ra(低い所)w(挿入音)osma(に入る)]
46 nani すぐに。pet asam 川底。péka 〜を。
47 [kira(逃げる)=as(私)] wa 〜て。[sap(下る)=as(私)]
65 ene このように。okay ある。

知里幸恵 最後の手紙⑨

私は、此の後、一生沈黙をつづけます。ほんとうに無言で暮しましょう。ただその生活に入る前に、私が此の世において人間として与えられた、此の苦しみ、此のなげきと、そうして最後にあたえられた、大きな愛、使命の自覚などと云う心の変りかたを御両親様に申上げます。お察し下さいませ。

昨日、名寄の方へ知らせてやりました。何んな返事が来るか知りません。何卒お情けに、もしおりがありましたら、彼に何とか言ってやって下すったら私の幸福は此の上ありません。フチ(注：祖母)たちや皆々様によろしくお伝え下さいませ。十月の十二日頃はお目にかかれます。室蘭までのお出迎えは、おそれいります。ありがとうございます。南瓜や芋を少し残しておいて下さいませ。

油のはいったキナオハウ(注：野菜の汁)だのエンドサヨ(注：豌豆の入ったお粥)だのが欲しくなりました。帰る前にまた奥様と何処かへ出かけるんだそうです。旭川からの手紙で、何だか有珠の姉さんのごたごたがある様にききましたが、何うしたのですか？北海道はずいぶんあちこちの水害で不景気なそうですが、米は高いでしょうね。

道雄さんからまだ入院してると手紙が来ましたが、でも大分よろしいらしいので安心しています。かわいそうに真志保、たいへんなんぎして旭川へ行ったんですね。

高央には相変らず出してもサッパリって一枚も返事は貰いません。達者でいるんでしょうね。操ちゃんによろしく。(つづく)

第12話　獺が自ら歌った謡「カッパレウレウカッパ」

76	"toy sapakaptek	「まあ、にくらしい偏平頭、
77	wen sapakaptek	悪い偏平頭が
78	iokapuspa,	人をばかにして。
79	nimakitara utar,	犬たちよ
80	co co……"	ココ……」
81	itak awa	と言うと
82	poro nimakitara utar	大きな犬どもが
83	cisawokuta.	駆け出して来た。
84	sirki ciki	それを見て
85	esir an pe	私は先刻の事を
86	ci=esikarun,	思い出し
87	ci=emina rusuy kor	可笑しく思いながら
88	pet asama	川の底へ
89	ci=korawosma	潜りこんで
90	kira=as kusu	逃げよう
91	ikici=as awa,	としたら
92	senne ka suy	まさか
93	nimakitara utar	犬たちが
94	ikici kuni	そんな事をしようとは
95	ci=ramu a hi	思わなかったのに、
96	notsep humi	牙を鳴らし
97	tawnatara,	ながら
98	petasam pakno	川の底まで
99	un=kotetterke	私に飛付き
100	ya oro un=ekatta,	陸へ私を引摺り上げ、
101	ci=sapaha	私の頭も
102	ci=netopake	私の体も
103	a=pukpuk	噛みつかれ
104	a=risparispa	噛みむしられて、
105	ki ayne no	しまいに

85 esir さっき。an ある。pe こと。

86 [ci=（私）esikarun（〜を思い出す）]

87 [ci=（私）emina（〜を笑う）] rusuy 〜したい。
kor 〜しながら。

92 senne ka=somo ka まさか〜しまい。suy また。
この行、95行目までかかる。

94 ikici そのようなことをする。kuni 〜と。

95 [ci=（私）ramu（〜と思う）] a 〜た（完了）。hi こと。
92行目から「まさか〜とは思わなかったのに」となる。

100 ya 陸。oro 〜のところ。[un=（私を）ekatta（〜を（場所）
にぐいっと引っ張る）]

102 [ci=（私）netopake（〜の体）]

103 [a=（もの）puk（噛み付く？）puk（反復）]=噛み付かれる。
puk「pukkosanu（破れる）{バチェラー辞典}」
「pukrototo（ズブと押したてる）{久保寺辞典稿}

104 [a=（人）rispa（〜をむしる）rispa（重複）]= むしられる。

105 ki 〜をする。ayne 〜の結果。no 一種の強調語法であ
り、また音節数調整の働きをすると考えられる。

知里幸恵 最後の手紙⑩

農繁期でみなさんおいそがしくいらっしゃいましょう。東京は此の頃また、暑くなりました。でもやはり秋らしい感じが澄んだ青空にも木の葉を揺りうごかす風にも豊かに満ちています。北海道は涼しくなりましたでございましょう。トンケシのウナラペ（注：おば）に着くか何うかと思いながら先頃はがきを出したら、昨日返事が来て一人で笑いました。
（つづく）

第12話 獺が自ら歌った謡「カッパレウレウカッパ」

106 nékona ne ya	何うなったのか
107 ci=eramiskare.	わからなくなってしまった。
108 hunakpake ta	ふと
109 yaysikarun=as	気が着いて
110 inkar=as awa,	見ると
111 poro esaman	大きな獺かわうその
112 asurpe utut ta	耳と耳の間に
113 rok=as kane	私はすわって
114 okay=as.	いた。
115 Samayunkur ka	サマユンクルも
116 Okikirmuy ka	オキキリムイも
117 ona ka sak	父もなく
118 unu ka sak ruwe	母もないのを
119 ci=eraman wa	私は知って
120 ene an irara	あんな悪戯を
121 ci=ki kusu	したので
122 a=un=pánakte,	罰を当てられ
123 Okikirmuy kor	オキキリムイの
124 seta utar orowa	犬どもに
125 a=un=ráyke,	殺され
126 toy ray wen ray	つまらない死に方、悪い死に方を
127 ci=ki siri tapan.	するのです。
128 téwano okay	これからの
129 esaman utar	獺たちよ、
130 itekki irara yan.	決して悪戯をしなさるな。
131 ari esaman yayeyukar.	と、獺が物語った。

106　nékona どのように。ne になる。ya ～か。

107　[ci=(私)eramiskare(～を知らない)]

109　[yay(自分)sikarun(を思い出す)=as(私)]

112　asurpe 耳。utut=utur ～の間。ta ～に。

113　[rok(すわる)=as(私)]　kane ～して。

114　[okay(いる)=as(私)]

115-6　ka ～も。

117　ona 父親。ka ～も。sak ない。

118　unu 母親。ka ～も。sak ない。ruwe ～こと。

119　[ci=(私)eraman(～を知る)]　wa ～て。

120　ene あのように。an ある。irara いたずら。

122　[a=(人)un=(私を)panakte(～を罰する)]= 私が罰せられる。

124　seta イヌ。utar たち。orowa ～から。

125　[a=(もの)un=(私を)rayke(を殺す)]= 私が殺される。

132　itekki 決して～するな。irara 悪戯をする。
　　　yan ～なさい。

知里幸恵　最後の手紙⑪

先達はほんとうに御心配かけました。今度は帰るまで大丈夫でございます。今私は平和な感謝の気分にみたされて、誰でもすべての人を愛したい様な気が致します。

何卒御両親様おからだをおたいせつにあそばして下さいませ。

　　　　　　　　　　　　　　　　さよなら
　　　　　　　　　　　　　　　　　幸恵より

　愛するお父様
　愛するお母様

第13話　沼貝が自ら歌った謡「トヌペカランラン」

13　Pipa yayeyukar

"Tonupeka ranran"

1	sat sikus an wa	強烈な日光に
2	otta okay=as hi ka	私の居る所も
3	sat wa okere	乾いてしまって
4	tane anakne	今にも
5	ray=as kuski.	私は死にそうです。
6	"nenkata usa	「誰か、
7	wakka un=kure	水を飲ませて下すって
8	un=temka okay ！	助けて下さればいい。
9	wakkapo ！ ohay"	水よ水よ」と
10	ci=raykotenke,	私たちは泣き叫んで
11	okay=as awa,	いますと、
12	too hosasi	ずーっと浜の方から
13	sine menoko	一人の女が
14	saranip se kane	籠を背負って
15	arki kor okay.	来ています。
16	cis=as kor	私たちは泣いて
17	okay=as awa	いますと、
18	un=sama kus	私たちの傍を通り
19	un=nukar awa,	私たちを見ると、
20	"toy pipa	「おかしな沼貝
21	wen pipa,	悪い沼貝、
22	nep tap	何を
23	ciskar hawe	泣いて
24	iramsitnere	うるさい事さわいで
25	okay pe ne ya ？"	いるのだろう。」
26	itak kane	と言って
27	un=otetterke	私たちを踏みつけ、
28	un=ureetursere	足先にかけ飛ばし、

第13話　沼貝が自ら歌った謡
「トヌペカランラン」

[題名]　pipa 沼貝。カワシンジュ貝、カラス貝ともいう。

1　sat 乾く。sikus 日光。an ある。wa 〜て。

2　otta そこに。[okay（いる）=as（私）]　hi 所。ka も。

3　wa okere 〜してしまう。

4　tane 今。anakne 〜は。

5　[ray（死ぬ）=as（私）]　kuski 今にも〜しそうである。

6　nenkata 誰か。usa 強意。

7　wakka 水。[un=（私に）ku（〜を飲む）re（させる）]

8　[un=（私を）temka（甦させる）]　okay 〜してほしい。

9　[wakka（水）po（指小辞）]　ohay あとを慕い呼ぶ声。

10　[ci=（私たち）raykotenke（身もだえして泣く）]

11　[okay（いる）=as（私たち）]　awa 〜と。

12　to' o ずーっと。[ho（尻）sa（前）asi（立てる）]= 浜の方から。

14　saranip 籠。袋状の入れ物。se を背負う。
　　kane 〜して。

15　arki 来る。kor okay 〜しつつある。

16　[cis（泣く）=as（私たち）]　kor 〜ながら。

18　[un=（私の）sama（の側）]　kus 〜を通る。

20-1　toy ひどい。wen（悪い）と対句で用いられる。

22　nep 何。tap これ。強め。

23　[cis（泣く）kar（をする）]　hawe 〜の声。

24　iramsitnere いやになる。うるさい。

25　okay いる。pe もの。ne である。ya 〜か。

28　[un=（私たち）ure（足先）e（で）tursere（飛ばす）]

—271—

第13話　沼貝が自ら歌った謡「トヌペカランラン」

29	un=seykoyaku,	貝殻と共につぶして
30	toop ekimun	ずーっと山へ
31	paye wa isam.	行ってしまいました。
32	"ayapo oyoyo！	「おお痛、苦しい、
33	wakkapo ohay"	水よ水よ」と
34	ci=raykotenke	泣き叫んで
35	okay=as awa,	いると、
36	too hosasi suy	ずーっと浜の方からまた
37	sine menoko	一人の女が
38	saranip se kane	籠を背負って
39	arki kor okay.	来ています。私たちは
40	"nenkata usa	「誰か
41	wakka un=kure	私たちに水を飲ませて
42	un=temka okay！	助けて下さるといい、
43	ayapo, oyoyo！	おお痛おお苦しい、
44	wakkapo！ohay"	水よ水よ。」と
45	ci=raykotenke,	叫び泣きました
46	okay=as awa	すると、
47	pon menoko	娘さんは、
48	kamuy siri ne	神の様な美しい気高い様子で
49	un=sam ta arki	私たちの側へ来て
50	un=nukar ' ciki,	私たちを見ると、
51	"inunukaski	「まあかわいそうに、
52	sirsések wa	大へん暑くて
53	pipa utar	沼貝たちの
54	sotkihi ka	寝床も
55	sat wa okere,	乾いてしまって
56	wakka ewen hawe	水を欲しがって
57	nesun okay ne,	いるのだね、
58	nékona ne p	何うした

29 [un=(私たち)sey(貝殻)ko(と共に)yaku(〜をつぶす)]

30 toop ずーっと。[e(その頭)kim(山)un(にある)]=山へ。

31 paye 行く。wa 〜て。isam 〜しまう。

32 ayapo ああ痛い。oyoyo 苦しい。

48 kamuy 神。siri のようす。ne 〜で(ある)。

49 [un=(私の)sam(の側)] ta 〜に。arki 来る。

51 inunukaski かわいそうである。

52 [sir(あたり)sések(暑い)] wa 〜て。

54 sotkihi 〜の寝床。ka 〜も。

55 sat 乾く。wa 〜て。okere 〜(して)しまう。

56 [e(〜で)wen(だめになる)] hawe の声。

57 nesun きっと〜なのだ。okay ne いるのである。

58 nékona どのように。ne である。p もの。

知里幸恵の最期① 金田一京助著「私の歩いて来た道」から

　(前略)その幸恵さんが、ある日、「先生、私をくにへ帰らせてください」といいました。突然のことで、びっくりして、私の家内が、女児若葉を生んで、病気ばかりしていましたから、家内の扱いが不満で、帰りたいのかと思い、「もう少しいてくれないか」といったら、「私は、父の心臓病を遺伝していますので、あまり暑いためにどうきがひどくなって、破裂しやしないかと心配なのです。お宅でもしそういうことがあったら、ご迷惑をかけますし、同じ死ぬなら父母のところへいって死のうと思って」といいますから、「ほかの原因なら仕方がないが、病気が原因で帰るというならとんでもないことだ。あなたの村に帰ると病院がない。ここは大学病院が目の前にある。きょうからすぐ、大学病院へいって診察してもらおう」といって同行して診察を受けさせました。　　　　　　　　　　　　　　　(つづく)

第13話　沼貝が自ら歌った謡「トヌペカランラン」

59	okay ruwe tan,	のでしょう
60	a=otétterke	何だか踏みつけられでも
61	apkor okay."	した様だが…。」
62	itak kane	い言いつつ
63	un=opitta	私たちみんなを
64	un=umomare,	拾い集めて
65	korham oro	蕗の葉に
66	un=omare,	入れて、
67	pirka to oro	きれいな湖に
68	un=omare.	入れてくれました。
69	pirka namwakka	清い冷水で
70	ci=eyaytemka,	スッカリ元気を回復し
71	síno tumasnu=as.	大へん丈夫になりました。
72	otta easir	そこで始めて
73	néa menokutar	彼の女たちの
74	sinricihi	素性を
75	ci=hunara	探ぐって
76	inkar=as awa,	見ると、
77	hoskino ek	先に来て、
78	un=ureeyaku	私を踏みつぶした
79	sirun menoko	にくらしい女、
80	wen menoko anak	わるい女は
81	Samayunkur	サマユンクル
82	kot turesi ne wa,	の妹で、
83	un=erampokiwen	私たちを憫み
84	un=siknure	助けて下さった
85	pon menoko	若い娘さん
86	kamuy moyremat anak	淑やかな方は、
87	Okikirmuy	オキキリムイ
88	kot turesi	の妹
89	ne awan.	なのでありました。

—274—

59 okay ある。ruwe ～の。tan ～です。

60 [a=(人)o(そこで)tetterke(踏みつける)]= 踏みつけられる。

61 apkor まるで～したように。okay ある。

64 [un=(私たち)u(互いに)momare(しまっておく)]

65 [kor(フキ)ham(葉)]　oro ～のところに。

66 [un=(私たち)omare(～を入れる)]

67 pirka きれいな。to 湖。oro ～のところに。

69 pirka 清い。[nam(冷たい)wakka(水)]

70 [ci=(私たち)e(～で)yay(自分)temka(を回復する)]

71 síno 本当に。[tum(力)asnu(が充分ある)=as(私たち)]

74 sinricihi ～の素性。

75 [ci=(私)hunara(～をさがす)]

77 hoskino 先に。ek 来る。

83 [un=(私たち)erampokiwen(～を憐れむ)]

84 [un=(私たち)siknure(～の命を救う)]

86 kamuy 神。[moyre(淑やかな)mat(女性)] anak は。

89 ne awan 気がついてみれば～だった。

知里幸恵の最期②

　「絶対安静にして、この薬を飲んで三日寝ていれば治りますから」ということで、三日寝ていたらほんとうになおって安心しました。(中略)幸恵さんの持ってきた十四(注:十三)編の『神々のユーカラ』を一冊の本にこしらえてくれるために、渋沢敬三さんが「あなたが書いたその原稿は字がきれいだから印刷所で汚されるのは惜しい。タイプで打ちなおしてそれを工場へやって組ませるから」ということで、タイプで打ちなおしてくれました。　　　　(つづく)

第13話　沼貝が自ら歌った謡「トヌペカランラン」

90	Samayunkur	サマユンクル
91	kot turesi	の妹は
92	ci=epokpa kusu	にくらしいので
93	kor amam toy	其の粟畑を
94	ci=sumka wa,	枯らしてしまい、
95	Okikirmuy	オキキリムイ
96	kot turesi	の妹
97	kor amam toy	の其の粟畑をば
98	ci=pirkare.	よく実らせました。
99	ne páha ta	其の年に、
100	Okikirmuy	オキキリムイ
101	kot turesi	の妹は
102	síno haru kar.	大そう多く収穫しました。
103	ci=renkayne	私の故為で
104	ene sirki hi	そうなった事を
105	eraman wa,	知って
106	pipa kap ari	沼貝の殻で
107	amam pus tuye.	粟の穂を摘みました。
108	orowano	それから、
109	kespa an ko	毎年、
110	aynu menokutar	人間の女たちは
111	amam pus tuye ko	粟の穂を摘む時は
112	pipa kap eiwanke ruwe ne.	沼貝の殻を使う様になったのです。
113	ari sine pipa yayeyukar.	と、一つの沼貝が物語りました。

—276—

92 [ci＝(私)epokpa(〜をにくむ)] kusu 〜ので。

93 kor 彼女が持っている。amam 穀物。toy 畑。

94 [ci＝(私)sum(枯れる)ka(他動詞化語尾)] wa 〜して。

98 [ci＝(私)pirka(よい)re(させる)]＝ よく実らす。

99 ne その。páha の年。ta 〜に。

102 síno 本当に。たいそう。haru 収穫。kar をする。

103 [ci＝(私)renkayne(〜によって)]

104 ene そのように。sirki のようになる。hi こと。

105 eraman 〜を知る。wa 〜して。

106 pipa 沼貝。kap 殻。ari 〜で。

107 amam 粟。pus 穂。tuye 〜を切る。

109 [kes(毎)pa(年)] an ある。ko 〜と。

110 aynu 人間。menokutar 女たち。

111 amam 粟。pus 穂。tuye 〜を切る。ko 〜とき。

112 pipa 沼貝。kap 殻。eiwanke 〜を使う。
    ruwe 〜こと。ne である。

113 ari 〜と。sine 一つの。pipa 沼貝。

知里幸恵の最期③

そのでき上がりと本文としさいに照らし合わし、校正して
くれて、最後のページを終ると同時に、「先生！」といって、
様子がおかしくなりました。近づいていったら手を出した。
それをつかんで、どうしたといったら、その瞬間心臓マヒ
が起こり、うす赤いシャボン水のようなあわをとめどもな
く吐いて止まらないのです。私はびっくりして「幸恵さん、
幸恵さん」と呼びました。大きな声で三声呼んだとき「は
い」と、かすかに答えました。それが最後でした。泣いて
も悲しんでも足ずりしても及ばない。私の落ち度でした。

—277—

『アイヌ神謡集』の物語

　kamuyyukar 神謡は、文字どおり神の謡いですが、その語りには種々の物語の展開があります。しかし自ずからそこにいくつかの類型が認められます。本集の謡を分類してみますと、大きく三つの類型に分けることができます。

[Ⅰ系　守護神物語]

　神謡に登場する動物の神は、人間を守る神として語られます。その役目を果たす神が最も尊敬されます。つぎの作品群がその典型といえるでしょう。

第8話　海の神が自ら歌った謡

　シャチの神が飢饉で苦しむ人間たちに鯨を寄り上げ感謝される話ですが、飢饉は人間が生きていく上で最大の困難でした。狩猟や漁猟がいつも豊富な恩恵を受けるとは限らず、飢饉はたびたび人々を襲いました。したがって飢饉は物語りのうちでも最も重い主題でした。

第7話　梟の神が自ら歌った謡

　梟神が天国へ談判をし、鹿や魚のとりかたが悪い人間たちを戒めて飢饉を解決した話です。第8話と並ぶ謡です。

第1話　梟の神が自ら歌った謡

　梟神が不運で貧乏なニシパに恵みを与え、村人たちと仲直りさせる話ですが、同じ梟神の第7話と比べると主題の点では重さは軽いといえましょう。

[Ⅱ系　オキキりムイ（オキクルミ）物語]

　人間を守るべき動物の神が、人間に悪さをして、人間の英雄オキキりムイに懲らしめられる物語です。どんな神も本来の使命を忘れて悪心を起こした神は人間から罰せられます。

第3話　狐の神が自ら歌った謠

　国の岬を守護する黒狐の神が、悪心を起こして暴風の魔を呼び舟を襲わせるが、結局オキキㇼムイに報復される話。

第4話　兎が自ら歌った謠

　兎の兄神が人間の仕掛け弓をこわして懲らしめられる話。

第5話　谷地の魔神が自ら歌った謠

　谷地の悪魔神が人間の村を襲って懲らしめられる話。

第9話　蛙が自ら歌った謠

　蛙がオキキㇼムイに悪戯をして殺される話。

第10話　小オキキリムイが自ら歌った謠

　オキキㇼムイの子がサケの嫌がる胡桃の梁をたてる小男を撃退する話。

第11話　小オキキリムイが自ら歌った謠

　悪魔の子が胡桃の小さな弓矢で魚や鹿を絶やそうとするのに対抗し、オキキㇼムイの子が銀の小さな弓矢で清らかな水や風を呼び、鮭や鹿を呼び返す話。

第12話　獺が自ら歌った謠

　カワウソが人間の女に悪戯をして殺される話。

[Ⅲ系　その他の物語]

第2話　狐が自ら歌った謠

　狐の神が四つの見まちがいをし、自分の「くもりまなこ」を自嘲ぎみに口汚くののしるという愉快で楽しい話。

第6話　小狼の神が自ら歌った謠

　その魔力や呪力を失わせる「素性」解きの話。

第13話　沼貝が自ら歌った謠

　日照りに苦しむ沼貝がオキキㇼムイの妹のやさしい心に救われる話。本集の最後を飾るにふさわしい優美な小編。

主な参考文献

● 爐邊叢書『アイヌ神謡集』初版本(1922年, 郷土研究社)

● 北海道立図書館蔵・知里幸惠のノート類

● 金田一京助「アイヌ語学講義」(『金田一京助全集』第五巻、アイヌ語Ⅰ、1993, 三省堂)

●「アイヌ語法概説」(知里真志保著作集 第4巻 1974, 平凡社)

●『知里真志保著作集 別巻・分類アイヌ語辞典』(1976, 平凡社)

● 金成マツ筆録・金田一京助訳注『アイヌ叙事詩 ユーカラ集』Ⅰ～Ⅷ(1959～1968, 三省堂)本書の略号:{金ユ集}

● 田村すず子著『アイヌ語沙流方言辞典』(1996, 草風館)

● 久保寺逸彦編『アイヌ語・日本語辞典稿──久保寺逸彦 アイヌ語収録ノート調査報告書─』(1991, 北海道教育委員会)

● ジョン・バチラー『アイヌ・英・和辞典 第四版』(1938, 岩波書店)

掲載図版(ページ数は本書のページ)

● クトシントコ:『萱野茂のアイヌ語辞典』(三省堂)p.169

● カワガラス『世界大百科事典』(1988, 平凡社)p.185

● 北千島アイヌのイトクパ復原図(原図:林欽吾(名取武光「樺太・千島アイヌのイナウとイトクパ」)p.197

● イクパスイ シャチと舟 高彫 市立函館博物館蔵(『芸術新潮』1999年7月号)p.199

● 捕鯨シーンを描いたとみられる骨製針入れ レプリカ 北海道開拓記念館蔵(『芸術新潮』1999年7月号)p.205

● エカシパウンペ(先祖の冠)北海道開拓記念館蔵 p.209

● キケウシパスイ(幣つき酒箸)北海道開拓記念館蔵 p.211 上2図(『海を渡ったアイヌの工芸 英国人マンローのコレクションから』(財)アイヌ文化振興・研究推進機構 アイヌ工芸展図録)

編者略歴
　　1935年　北海道生まれ
　　1994年　埼玉県立高等学校教諭退職
　　1997年〜2001年　早稲田大学語学教育研究所で受講
　主な編著
　『ノート版　アイヌ神謡集』（2000, 私刊）
　『注解　アイヌ神謡集』（2003, 北海道出版企画センター）
　『知里幸恵のウウェペケレ（昔話）』（2004, 同上）
　『知里幸恵の神謡　ケソラㇷ゚の神•丹頂鶴の神』（2005, 同上）

『アイヌ神謡集』を読む　　　　北方新書 016

発　行	2017年10月30日
	知　里　幸　惠　著訳
	北　道　邦　彦　注解
発行者	野　澤　緯三男
発行所	北海道出版企画センター

〒001-0018　札幌市北区北18条西6丁目2−47
　　　　　　　電　話　011−737−1755
　　　　　　　ＦＡＸ　011−737−4007
　　　　　　　振　替　02790−6−16677
　　　URL　http://www.h-ppc.com/

乱丁・落丁本はおとりかえします。

北方新書の刊行に当たって

　当センターが、微力をも省みず、札幌での出版を始めたのは、一九七一（昭和四六）年のことです。埋もれている良心的な原稿を発掘し刊行したいという希望と、これまでに出版された書籍のなかから将来に継ぐに足る良書の復刻などを通して現在に活き返らせ、学問研究の場ほかに広く資料として提示することで、中継ぎ者としての役割をも果たしたいとの願いからでした。二十数年、蝸牛の歩みながら出版事業を続けて来られたのは、北海道に独自な出版への求めがあることを示していると思われます。しかし、他府県におけるような近代以前からの長期にわたる出版活動の積み重ねを見るとき、北海道での本格的なそれは近年になりやっと緒についたばかりと言えましょう。

　近年、いわゆる中央思考的なものの考え方から、「地方の時代」「地方分権」など、より地方の、そして地域の大切さが改めて問われています。このことは、今世紀末になって急速に進行しつつある多様な変化が地域や郷土への関心をより強めているという社会的背景があってのことと考えられます。

　このような変化の時代にあって地域に根ざし、さまざまな分野にわたる北方新書の刊行が、過去から現代そして未来へのかけ橋となることを期待するものです。

一九九五年四月

北海道出版企画センター